JN140049

今、あなたに勧める「この一冊」

はしがき

皆さん、本を読みましょう。いや、本を読んでください。読書体験というものは、自分の若い時の思い出の一齣として必ずあなたの心に残ります。そのうえ、語彙力や忍耐力、思考力や想像力、さらに発想力などが自然と養われ、あなたの人生をもっと豊かなものにしてくれるはずです。

そう思っている人たちがこの本に寄稿してくださいました。執筆者は30代から80代までのさまざまな職業の人で、多種多様な人生体験を経てきた人達です。彼らはあなたに是非読んでほしいと思っているとっておきの「一冊の本」を推薦してくださり、その本についての解説はもとより、どうして自分がこの本にたどり着いたのかといった経緯、あるいは若い時にこの本に接したときの感想などを存分に詳らかにしております。

この本は、第1章・文学（12篇）、第2章・政治（8篇）、第3章・音楽（5篇）、第4章・人生（6篇）との章立てです。どの章から読んでいただいてもよろしいです。

ところで、最近私は在日10年近くの外国人の大学院留学生と話をする機会がありました。彼はもっと日本に滞在して、「日本語を勉強したい」と言ったのです。いいですか、日本語の会話を学びたいのではなく、「日本語の読解力」を身に着けたいと言っているのですよ。なぜかわかりますか。日本にはいろいろな本がたくさん出版されているというのです。古代ギリシア・ローマの時代から、現代のあらゆる国の、哲学・文学・歴史学・政治学・文化論・音楽学・社会学などといった人文科学系・社会科学系の翻訳も含めて本当に驚くほどたくさんの本が出版されております。ところが、彼の祖国では刊行物に対して政府の厳しい出版規制が敷かれており、従って外国語書籍の翻訳書は極めて少なく、日本で購入した書籍の祖国への持ち込みもチェックがことのほか厳格になっているようです。それ故日本で、もっと日本語の読解力を身に着け、もっとたくさん書籍を読みたいというのです。そうなんです、実は日本は世界に冠たる「翻訳文化」の国なのです。書籍文化に関して、こんな有難い国は世界中どこを探しても絶対にありません。

しかしながら、若い皆さん、残念なことに、こうした状態はいつまでも続くわけではありません。確かに、明治維新以来、欧化政策を驀進してきた日本は、ヨーロッパ先進国の人文科学系・社会科学系の学問をどんどん導入しました。こうした学問を連綿として研究してその成果を挙げてきたのは、様々な外国語の担当教授たちでした。彼らが教える外国語の研究以外にその国の人文科学系・社会科学系の学問の研究を続けてきたのです。その成果の一環として、古代ギリシア・ローマ時代からの書籍の翻訳が遺されてきているのです。実に150年以上のヨーロッパの人文学の集大成、すごい知的財産です。ところが、1991年、大学設置基準が全面的に改革され、カリキュラムの大綱化が打ち出された結果、全ての大学から「教養課程」が消滅し、「専門課程」だけとなり、従って、全国の大学の「教養部」が廃止されてしまい、今までの外国語の講座が「実用英語」以外消滅することになりました。といっても、従来の外国語講座を担当する教授は定年まで教職に就いていたのですが、定年後は新規の教授を採用することは出来ません。定年を迎えた教授たちは静かに大学から去りました。あれから34年経過しました。文科省が期待していたように、ほぼすべての大学に、「実用英語」担当以外の外国語担当教授はほとんどおりません。ですから、今までわれわれが享受してきた人文科学系・社会科学系の翻訳書に接触するチャンスが少なくなっております。でも、新刊が書店になければ、アマゾン古書などを丁寧に調べれば何とか入手できます。ですから頑張りましょう。

それにしても、心配なことがあります。

2023年に文科省が16歳以上の男女6千人に調査し、3559人から回答を得た「読書に関する世論調査」によりますと、1ヵ月に本を一冊も読まない人は62・6%もいたのです。このうち75・3%の人が交流サイト（SNS）やインターネット記事など本以外の情報を毎日読んでいるという。前回の調査（2018年度）からすると、「読まない」との回答は15ポイント増えたのだった。

その結果がどうなっているのでしょうか。

出版文化産業振興財団の調査によれば、現在1741市区町村のうち「書店が1店舗もない」自治体は2025年3月時点で、482市町村に増え、全体の27・7%に及び、「公立図書館も書店もない」市町村は、全体の15%に及んでいる。この悪しき傾向はますます増大され、地方の書店や公立図書館の担う文化発信機能の弱体化が懸念されます。文科省も有効な手段がないとぼやいているだけです。書籍には凝縮された人生の智慧が織り込まれていることを示す対策が必要です。

ついでにもう一つ事例を紹介します。お説教をするつもりはありませんが、現在の大学生の読書状況を具体的に開示した報告です。

2024年3月4日、全国大学生協連が発表しました第59回学生生活実態調査によりますと、その前年の2023年秋の調査時点で、1日の読書時間を「ゼロ」と回答した大学生は、47・4%だった。これは全国の国公私立30大学約1万人の学生から得た回答を集計した結果であり、ほぼ最近の大学生の読書実態を反映していると思われます。

若い皆さん、この数値はどう思いますか。

ただ一言、アメリカの大学生の読書状況をお知らせします。

一般にアメリカの大学生は、授業科目ごとにまとめられた「リーディング・リスト」を受講時に配布されます。それは平均して1年間に100冊、従って4年間で400冊の関連書籍を読み込むことになります。これには学習する科目を深く勉強することだけでなく、さらに自分独自の見解を確立させることも考えられているのです。

昔から、われわれは「文化国家」日本という言葉を徹底的に言われて育ちました。現在は何という標題が謳われているか知りませんが、ともかく一人ひとりが自覚しなくては、これからの人生を考えなくては、必ず行き止まりの真っ只中で佇むだろうと思います。

最近、ある新聞にとても気になる記事が掲載されました。

ある国のことわざに「本がないより靴がない方がまし」というのがあります。なんと北欧のアイスランドのことわざです。冬場には靴なしでは過ごせない国なのに、すごいことを言うと思います。この国の2年前の調査によると「国民は1ヵ月に平均2・4冊」の本を読むという。それにアイスランドではクリスマスに本を贈り合うのがクリスマスの伝統だそうです。なんともほほえましい伝統ですね。この記事の末部は「読解力、文章力の向上に役立つから本を読めと訴えても押しつけがましく、逆効果だろう。本を読むのは単純に楽しい。そのことを広める新しい伝統がこの国にも欲しい」と結んでいる（『東京新聞』、2024年9月19日、「筆洗」）。

最後になりますが、また当然話題が変わりますが、11年前に亡くなりました俳優の高倉健さん、ご存じでしょうか。われわれの若い時のヒーローです。背中にたっぷり刺青を入れて、白鞘の日本刀を振りかざして活躍した《網走番外地》シリーズの主人公でした。この映画が始まる時にまずシリーズのお決まりの主題歌が流れます。すると観客は総立ちになって声を張り上げてその主題歌を歌うのです。それが終ればば静かに着席しました。ところで、その健さんが「大の読書人」だったことは意外と知られておりません。彼が凛とした生き方をする作家の精神にひかれて、そこに自分の理想を求めていたのでしょう。健さんが読書をするようになったきっかけは、内田吐夢監督からの「時間があったら活字（本）を読め。活字を読まないと顔が成長しない。顔を見れば、そいつが活字を読んでいるかどうかがわかる」というものだった（谷　充代『高倉健の図書係』角川新書）。

もうこれ以上は言う必要がありません。

皆さん、本を読みましょう。いな、本を読んでください。

川成洋

今、あなたに勧める「この一冊」

第一章

文学

12篇

破天荒な青春世界放浪

吉岡　栄一

①『深夜特急』

――沢木耕太郎 著

（新潮文庫）

かつて『進め！電波少年』という番組があったことを知っているだろうか。それは1992年7月から日本テレビ系列で毎週放映されていたバラエティ番組で、その番組のなかのひとつの企画として、1996年4月にはじまった「ヒッチハイク・シリーズ」（「ユーラシア大陸横断ヒッチハイク」）というのがあった。あまり売れていなかったお笑いコンビ「猿岩石」（有吉弘行・森脇和成）の2人が、香港からロンドンまでヒッチハイクの旅を敢行して、1996年10月にロンドンにゴールするという、前例のない過酷きわまりない旅企画番組だった。そのためもあって人気に火がつき、視聴率が急上昇して、伝説的とも称される番組でもあった。出演した芸人の1人が、何を隠そう、今でもテレビで絶大な人気をほこる有吉弘行なのである。

「猿岩石」のヒッチハイクを追うようなかたちで、大沢たかおが主演する『劇的紀行深夜特急』という映像作品がテレビで放送されるようになった。ともに沢木耕太郎の『深夜特急』という紀行作品を原作とするものだが、「猿岩石」のほうは原作のいわば「一種のパロディ」のようなもの、大沢の映像版のほうは「ドキュメンタリーとフィクションをないまぜにした不思議な作りもの」(沢木耕太郎、新潮文庫『旅する力』)になったというのだ。いずれも若者の心のなかに単独バス旅行という、大きなブームを巻き起こしたことはまちがいなかった。

沢木耕太郎の紀行文学『深夜特急』の素材となった旅は、1974年、作者26歳のときの乗合バスによる外国放浪旅行が下敷きとなっている。インドのデリーから高速バスや電車をまったく使わずに、現地のバスだけを乗りついでユーラシア大陸を超え、ついにロンドンまでたどり着くという単独放浪旅行だ。その不慣れで苦難にみちた異国でのバス旅行を書籍化したのが、いまでもロングセラーを続ける『深夜特急』という旅行記なのである。

ただこの旅行記(あるいは旅文学)は、ロンドンから日本に戻って、一気呵成に書きあげた作品ではない。日本に帰還してから完成まで15年以上かかっているのだ。それだけ長い空白期間があったということは、純粋のノンフィクションではなく、記憶の隙間を埋めるために必要ならば、フィクション的要素も補填材《ほてん》として用いられているということなのだ。この作品が旅文学とも称されるゆえんなのである。

この長大な旅行記はいま新潮文庫で読むことができる。全巻で6冊になり、各巻の表題は次のようになっている。『深夜特急1 香港・マカオ』、『深夜特急2 マレー半島・シンガポール』、『深夜特急3 インド・ネパール』、『深夜特急4 シルクロード』、『深夜特急5 トルコ・ギリシャ・地中海』、『深夜特急6 南ヨーロッパ・ロンドン』となっている。厳密にいえば旅程は香港からロンドンまでの1年2カ月の旅であり、そのあいだの乗合バスでの移動はインドのデリーからイギリスのロンドンまでである。

この破天荒な放浪旅の主だった通過地、ないしは宿泊地をあげれば、以下のような多様な市町村となっている。ホンコン、マカオ、バンコク、チュムボーン、ソンクラー、ペナン、クアラルンプール、マラッカ、シンガポール、カルカッタ、ガヤ、ブッタガヤ、サマンバヤ、ラクソール、カトマンズ、パトナ、ベナレス、カジュラホ、デリー、ボンベイ、アグラ、アムリトサル、ラホール、ラワール・ビンディー、タクシラ、シャワール、カブール、カンダハル、ヘラート、シラーズ、イスファハン、エルズルム、トラブゾン、アンカラ、イスタンブール、テサロニキ、アテネ、ミケーネ、オリンピア、スパルタ、パトラス、ローマ、フィレンツェ、パリ、そしてロンドンとなっている。

これが主だった旅程だが、日本人には知られている場所も、知られていない場所もある。

ただここに名前のあげられた場所はいうまでもなく、著者の記憶に残った異国の地であったことはいうまでもない。さらに文庫本の表題となっている『深夜特急』から連想されるのは、都市間の高速バスが連想されるが、この放浪旅の原則は現地の乗合バスによる移動なので、深夜に高速特急バスを使うことはありえない。著者の説明によれば、「ミッドナイト・エクスプレスとは、トルコの刑務所に入れられた外国人受刑者たちの間の隠語であり、脱獄することを、ミッドナイト・エクスプレスに乗る」と言ったこと、ならびに同タイトルのアメリカ映画を観たことに由来しているというのだ。

ところで、著者がなぜこのような無鉄砲なバス旅行をしたかというと、小田実の『何でも見てやろう』という貧乏旅行記を読んだことがきっかけだったというのだ。小田は留学先のアメリカから日本に帰るときに、ヨーロッパを回ってアジアに向かうというルートだったから、その反対のルートを旅してみようとしたのだという。

そして日本を出ようと思ったとき、なぜかふとユーラシアを旅してみたいと思ってしまったというのだ。それも陸路で行こうと決めたのは、「可能なかぎり陸地をつたい、この地球の大きさを知覚するための手がかりのようなものを得たいと思ったのだ」、「それも乗合バスを選ぶことにしたのは、もう酔狂としか言いようのないものだったと思う」(『深夜特急1』)と述懐している。

著者をしてこのような酔狂の旅に向かわせた底流には、1960年代末から70年代にかけての学生運動の崩壊やヒッピー文化などの影響もあったのではないか。当時、学生運動や対抗文化として体制からドロップ・アウトした若者たちが、日本を飛び出して超貧乏な放浪旅行をしたり、さしたる計画もなく自分探しの旅に出かけたりしたものだが、こうしたヒッピーやフーテンのごとき外国放浪旅行や、体当たり的な自己冒険的な海外旅行は一種のブームになっており、息苦しい日本を脱出して自分を見つめなおす若者たちが外国に向かったものだった。

この乗合バスによる旅行の出発点は、すでに述べたようにインドのデリーからだが、その東京からデリーにたどり着くまでの混沌たる道行きが、『深夜特急1・2』には生々しく描かれている。東京から香港まではむろん飛行機で行ったのだが、東京の旅行代理店で航空券を買うときに耳にした、女事務員の「ストップ・オーバー」できるという聞き慣れない言葉のせいで、香港やバンコクなどに足をからめ取られてしまい、思いがけないほどの時間を費やしてしまったというのだ。つまり購入した超格安航空券はデリーまで一気に行くこともできるが、途中で降りて2つの都市に寄ることもできるというものだったのだ。こうして女事務員の言葉は、「デリーに辿り着くまで数カ月を要することになってしまう『悪魔の囁き』となり、豊潤な東南アジアを旅するという幸運をもたらしてくれる『天使の声』ともなるものだった」(『旅する力―深夜特急ノート』)。

結局、「香港から東南アジアを経てインドに入っていくというのは、異国というものに順応していくのに理想的なルートだったかもしれない。気候とか水や食物といったものに徐々に慣れていく。湿気、暑さ、食べ物の辛さ……。どこでもすぐにその土地の食べ物をおいしく食べることができた」（同上）というわけなのだ。

こんなわけで著者のアジアでの旅は香港の九龍にある、連れ込み宿風の安ホテルに長期滞在することから始まる。香港では名所旧跡を訪れることはほとんどなく、ひたすら現地の人々の熱気のなかを泳いでいるようなものだった。「香港は本当に毎日が祭りのように楽しかった。無数の人が狭いところに集まって押しくらまんじゅうをしているような熱気がこもっていた。その熱気に私もあおられ、昂揚した気分で日々を送ることができた」（同上）からである。また露店街に足を踏み入れてからは、「熱に浮かされたように、香港中をうろつきはじめた。私は歩き、眺め、話し、笑い、食べ、呑んだ。どこへ行っても、誰かがいて、何かがあった」（『深夜特急1』）からだ。

このように毎日が祭りのような香港に長期滞在したことが、その後の著者の旅のスタイルを決定することになる。インドのデリーにたどり着いてからも、現地の人々の熱気を求めるかのように、メイン・バザールの一角にある安宿に泊まったが、そこは「人の流れの激しい猥雑で活気のある通りに面しており、周囲には、雑貨屋、履物屋、生地屋、錠前屋などが立ち並んでいた」（『深夜特急1』）というのである。

このように著者は異国の地でもひたすら視線を低くして、庶民の生活に身をひたし、その熱気を肌で感じようとしている。日本人旅行者にありがちな絶景などを讃嘆することもなく、あくまでも自分の視線の先にある現地生活者と、そのなりわいをしっかり目に焼きつけようとしている。また世界各国からのヒッピーやバックパッカーたちにたいしても、ひとりの日本人の旅行者というよりもむしろ、おなじ孤独な放浪旅行者としての親近感を感じてしまうのだ。『深夜特急1』では次のような感想を洩らしている。

デリーばかりでなく、カルカッタでも、ベナレスでも、ネパールのカトマンズでも、最下級の安宿には、一ドル前後で暮らせる生活に身を浸し切り、重い沈殿物のようにベッドから動かぬ若者が数多くいた。あるいは、私もそうしたひとりであったかもしれない。（中略）自分から話し掛けなければ誰からも話し掛けられず、外部からはまったく切り離されたひとりだけの時間を過ごすことができる。そのようなある種の無重力状態は、刺激もないかわりに奇妙な安らぎがあった（同上）。

かかる感想は凝視と内省のなせるわざであり、著者の紀行文を「文学的」ならしめる磁場となっていることは否定できない。

このように『深夜特急』シリーズは若者らしい読みどころ満載の紀行記だが、以下、著者みずから印象に残った街と述べているところを中心に記述を進めてみたい。著者が驚愕したと語っているところはやはり、アジアの都市や町が圧倒的に多く、貧困と混沌のただなかで人々が喘いでいるようなところだ。たとえば、インドのカルカッタがそのような場所だ。著者にとって「インドのしたたかな商人との駆け引きはかなりスリリングなもの」だったが、それ以上に著者を驚かせたのはカルカッタの住民の貧しさだった。空港から市街地に向かうタクシーの窓からみた光景はつぎのように語られている。

ゆっくり走るタクシーの窓から、民家の奥で揺らめくローソクの炎が見える。そして眼を凝らすと、無人と思えていた路上には、腰を下ろし、うずくまり、あるいは横たわり、沢山の男たちがいた。道の脇を歩いている男は、黒い皮膚が闇に溶け、白い衣服だけが動いているように見える」（『深夜特急3』）。

そして著者は最終的に、「このインドでは解釈というものがまったく不要なのかもしれない」と思うようになり、「ただひたすら見る。必要なことはそれだけなのかもしれない」と結論づけ、次のように総括するのだ。

カルカッタにはすべてがあった。悲惨なものもあれば、滑稽なものもあり、崇高なものもあれば、卑小なものもあった。だが、それらすべてが私にはなつかしく、あえて言

えば、心地よいものだった」（同上）
次に著者が向かったのは、ヒンズー教徒にとって最大の聖地であるベナレスである。ベナレスが「カルカッタに匹敵するほどの、猥雑さと喧騒に満ちた町だと聞いたからだった」（同上）。ここを流れるガンジス河の水で沐浴すれば、「あらゆる罪は洗い流され浄められる」と信じられているからだった。
ベナレスはこのようにガンジス河の沐浴所があることで知られ、河岸にはいくつもの死体焼場があり、死体を河に流すことで有名な場所だった。著者はこの町の印象を以下のごとく述べている。「ベナレスは、命ある者の、生と死のすべてが無秩序に演じられている劇場のような町だった。私はその観客として、日々、町のあちこちで遭遇するさまざまなドラマを飽かず眺めつづけた」（同上）。日本ではヒッピー旅行が盛んだったころ、インドを旅すればインドを好きになるか、嫌いになるかのどちらかだとよく言われたが、著者は引用文からはどうやら無常の境地に達したようにも思われるのだ。
ベナレスからシルクロードを通り、アフガニスタンのカブールに到着したときには次のような感想を洩らしている。「アフガニスタンの風景はこころに沁み入るようだった。とりわけ、ジャラランバードからカブールまでの景観は、『絹の道』の中でも有数のものなのではないかと思えるほど美しいものだった」（『深夜特急４』）。そしてバスの後部のガラス窓から走りすぎたあたりをふり返ると、「そこには赤く夕陽に色づいた山々に囲まれた平原と、その中を微かに蛇行しながらキラキラと光を放って流れている河があり、思わず息を呑んでしまう」と賛嘆し、「まさに暮れようとしている薄紫色の世界の神秘的な美しさに、乗客はみな茫然と眺めているばかりだ」（同上）と絶句してしまうのだ。

そこから凄まじいほど凶暴な運転をする現地の乗合バスを乗りついで、ようやくトルコのイスタンブールにたどり着くのである。よく知られているように、イスタンブールはボスポラス海峡をはさんで、アジアとヨーロッパに分かれている。フェリーでボスポラス海峡を渡れば、対岸はヨーロッパなのだ。「イスタンブールは居心地のよい町だった。その理由のひとつには、食事に不自由しなかったことが挙げられるだろう。インドに入って以来、安食堂にこれほど豊かなメニューがある町はなかった」（『深夜特急5』）からだ。

イスタンブールのあとはギリシャ、地中海、ローマ、寄り道をしてスペイン、ポルトガルを経て、最終目的地のロンドンだ。途中のパリでは街中をただ歩くだけで数週間を過ごしている。「パリは暮らしやすかった。これまでの町とは違って、確かに暗く、寒かったが、寂しくなかった。パリが本当の都会だったせいかもしれない」（『深夜特急6』）と述懐している。

しばらくしてパリからバスでフランス大西洋岸の港町カレーに行き、そこからフェリーでイギリスをめざした。ドーヴァーに上陸してから、イギリスの入国管理事務所の係官といささかのトラブルがあったものの、デリーから現地の乗合バスに乗って、苦労しながらたしかにロンドンにたどり着いたのである。しかし、『深夜特急6』の最終章のタイトル「飛光よ、飛光よ　終結」を読んでも、著者にさしたる高揚感や達成感が感じられないのだ。アジアで放浪旅の充足感を味わいつくしたせいなのか。それともまだ旅の終わりではなく、アイスランドまで行って魚の運搬の仕事をするつもりだったからなのか。ともかくロンドンに到着したら、日本に〈到着した〉と国際電報を打つことになっていたが、著者がしたのはロンドンの公衆電話ボックスから、〈ワレ到着セズ〉とダイヤルを回したことだったのだ。

ドラマティックとはいえない含みをもたせた終わり方だが、読者としては十分すぎるほど堪能できる旅行記である。とりわけアジア的な混沌表現はこれまでになく秀逸である。著者のみずみずしい文学的感性が光っていて、芭蕉以来の紀行文といっても過言ではない。基本的にはノンフィクションだが、小説的な妙味も加味されていて、「旅文学」ともいわれるゆえんともなっている。画期的で、斬新な外国旅行記だ。

最後にこの作品が発するメッセージを、私なりに解釈すれば、「若者よ、世界へ飛び出せ、世界は広い！」である。

（よしおか・えいいち、東京情報大学名誉教授・文芸評論家）

人生一〇〇年時代の指南書

牧野　有美

②『長いお別れ』

中島京子 著

（文藝春秋）

ええ夫は私を忘れた、それが何か？

トンガと聞いてどのようなイメージを持つだろうか。暑い、ラグビーが強い、バナナ焼きがち、といったところだろうか。地理的には、オーストラリアの東側あたりに位置し、南太平洋に浮かぶ、無人島を含め百七十余りの島々から成る国である。美しい珊瑚礁の海が広がり世界のヨットマンが憧れる有名なヨットハーバーや素晴らしいダイビングスポットもあるそうだ。

　自然豊かな環境で暮らすトンガ人は、国民の大半が熱心なキリスト教徒で、日曜日の午前中はサンデーズ・ベスト（「特別な日に着る晴れ着」「よそ行きの服」）に身を包み、家族で教会へ向かうという。彼らにとって、親しい人が亡くなる時に悲しいのは「別れ」であって「死」ではない。死は、イエス様と同じ世界に住むことが許されたという証で喜ばしいこと、むしろ生きていることが試練だという。毎週教会に通うのは、死後にイエス様ときちんと話ができるようになるための練習なのだそうだ。死後にイエス様と同じ世界に住むのにふさわしい人間になるための鍛錬を積みつつ、イエス様の声を聴き理解するための練習をしているのだという。

　だから、トンガの葬式では、死者を悲しませないように、残された者達で一晩中明るい曲を演奏するという。死は悲しくないけれど、別れは寂しく悲しいから。別れが悲しいと思う気持ちに負けないように、残された者は精一杯明るくにぎやかな曲で死者をあちらの世界へ送る。ちなみに、ジャマイカという国では、各自最高のお洒落と化粧を施して葬儀に参列し、死者の再出発を喜び合う様相であるという。

　そう考えると、死別とは、この世で別れた人と、あちらの世界で再会するまでしばらくお別れするだけのことなのだろう。とはいえ、私達が生きている世界の時間の流れからすると、それは長い時間だ。死んだことがないので、本当にあちらの世界で会えると言い切れる自信はないのだが、もう会えない誰かとまた会えると信じることで救われる。この世界で伝えられなかったこと、してあげられなかったことをやり直すチャンスがあると思えるから。なお、私の妹は、麻酔のアナフィラキシーショックで死にかけた（検査中に某麻酔薬を注入したところ、血圧が急激に低下し脈拍も停止しそうになった）が、彼女は、その際に夢を見て、亡くなった祖父が川岸に現れたという。川向うから「戻れ」というジェスチャーをするので、目の前の川を渡るのを止めたと言っていた。

『長いお別れ』という小説は、著者の中島京子自身が、2004年にアルツハイマー型の認知症と診断され2013年に亡くなった父（フランス文学者の中島昭和）を見送った経験がもとになっているとされている。アルツハイマー型認知症を患った父が、徐々に、過去接してきた父でなくなっていく。そんな家族の十年を追った連作短編集である。

医学技術が進歩し、思いもよらない状態で生き長らえることも可能になった現代だからこそ、病気を道連れに人生を歩む覚悟が必要になるともいえる。認知症も特別なものではなく、誰もが向き合う病となっているが、自分や家族が診断されれば、大きなショックを受けるだろう。親、ましてや自分がそう診断されることを想像するだけで恐ろしい、というのが私の正直な気持ちであった。けれど、この小説に出会って、恐ろしさの度合と、ネガティブな気持ちの色合いが変わった。

本作は、かつて中学校の校長だった東昇平と、その家族の物語として展開する。ある日外出先で目的地にたどり着けず、自宅に戻ってきた昇平は、後日アルツハイマー型認知症と診断される。その後、妻と三人の娘や孫たちを様々なアクシデントに巻き込みながら、次第に過去の姿から遠ざかっていく十年が描かれている。

最終章で、カリフォルニア州の太平洋岸の町に住む昇平の孫が、現地の校長先生からかけられる一言は、私の心に澱のようにたまっている恐れを流し清めてくれるものであった。


『長いお別れ《ロンググッドバイ》』と呼ぶんだよ、その病気をね。少しずつ記憶をなくして、ゆっくりゆっくり遠ざかっていくから

そうか、ゆっくり遠ざかっていくから、少しずつ忘れていくのか。お別れの準備が、病気という形で現れるのが認知症なのか。お別れは必ずやってくるものだから仕方ないか、と。

この物語は、病気発生からの十年間を、つらく苦しい家族の闘いの日々として描くのではなく、家族それぞれが戸惑い混乱しながらも試練を乗り越えていく日常の話である。病人が傍にいることとイコール悲劇の渦中ではない。介護が必要な状態は、悲しいことも大変なこともあるが、俯瞰してみれば、ちょっとしたおかしみが日常に存在し、あちこちに愛があふれていると教えてくれる。

昇平が薬の服用を嫌がり、妻の曜子がなんとか服用させようと、薬をめぐって攻防が展

開される場面がある。消耗するやりとりを経てようやく夫に薬を飲ませ、一息ついた曜子がテレビをつけると、夫が好きな「時代劇専門チャンネル」で、画面に現れたご典医が怪しげな笑いを浮かべながら「殿、お薬でございます」と言って毒薬を飲ませる場面が目に入る、というオチがつく。

思わず笑ってしまうが、このエピソードで、昇平が薬の服用を嫌う理由のひとつが想像できる。昇平を、意固地な認知症の患者の姿にとどめず、その行動に彼なりの理由があることを示唆する。

この小説は映画化もされている。映画の中の昇平は、出かける時に、晴れていても必ず傘を三本持って行く。認知症の専門医から聞いたエピソードを映画監督が挿入したそうで、過去に子どもたちのために傘を持って迎えに行ったのが忘れられず、外出する時はいつも傘を持って行くという認知症の男性の話が元となっているのだという。原作の小説も映画からも、他人が見れば不可解な行動でも、そこには理由があり、愛情も心もあるのだというメッセージを感じとることができる。

認知症は知的職業に就いていた人間も容赦なく襲う。そのような場合ほど、過去の姿と、認知症になった現在との落差が大きい。周囲の人間は、その落差にショックを受け、忘れてしまった何かに対して、指摘したり、怒ったり悲しんだり黙り込んでしまったりすることで、結局は大切な人を傷つけてしまうのが常であるが、本当は、周囲の人間が〝ゆっくり遠ざかっていく〟途中の人を理解し、工夫すればよいだけなのかもしれない。

認知症を発症した昇平が外出先から帰宅せず、家族が心配している中、本人は見知らぬ遊園地で幼い姉妹とメリーゴーランドに乗っているというくだりがある。一緒にメリーゴーランドに乗ってくれと頼まれた昇平は、姉妹に問う。認知症で単語が出てこなくなってきた昇平と、小学生の女児の会話を引用する。


「あんたたち、あれはどうしたのかな、あの、あんたたちの、その」

「お母さん？」

「そうだよ、お母さんだ」

「今日は仕事で遅くなるの」

「だけど、その、なんだ、もうひとつの、あれが、あるだろう」

「お父さん？」

「そうだよ。お父さんだ」

「お父さんも仕事なの」

「あんたたちは、なんだ、あれは、そういうあの、帰るところがあるだろう？」

「うち？　だいじょうぶ。来るときも二人で来たから帰れる」

「そうかあ？」

「うん、だいじょうぶ。ありがとう」

正しい名称が思い出せなくても、少女との会話は続く。昇平は幼い姉妹がメリーゴーランドから落ちないようしっかり捕まえておく、という一番大切なことを理解して一緒に乗る。できていたことができなくなっていく人を見て、我々はネガティブな感情を抱いてしまいがちだが、意思疎通ができれば、双方向で気持ちのやりとりができれば、それでよいのではないか。そんな問いかけを内包しているように感じる場面である。

そのほかにも、本当に大事なものは何か？　とこの小説は随所で問いかけてくる。次に紹介するのは、認知症の夫を介護している妻の曜子が心の中でつぶやく部分である。

夫が認知症になったというと人はひどく気の毒そうに声をかけてくる。「もう、あなたのことも誰だか忘れちゃってるんでしょ？たいへんねえ」

曜子はそんな言葉を聞くと、夫のほうをこっそり見て口をひん曲げたくなったものだ。夫がわたしのことを忘れるですって？

ええ。夫はわたしのことを忘れてしまいましたとも。で、それが何か？

潔くシンプルである。彼女は認知症の夫に振り回される毎日を経て、こう言い切れるようになった。夫は妻の名前も、家の住所も、多くの言葉も忘れてしまった。けれど、妻が近くにいないと不安そうに探し、不愉快なことがあれば目で訴えてくるし、笑顔が消え失せたわけでもない。何かを忘れてしまったからといって、その人以外の何者かに変わってしまったわけではないのだ、と言う。気にかけている風を装った他人が、無責任に投げかけてくる言葉など、気に留める必要はないと、と改めて気づかされる。

とは言っても、忘れられてしまう身内の気持ちは切ないであろう。曜子もこの心持ちに至るまでには、様々な段階を経ただろうし、自分の感情を持て余す時もあっただろう。この小説は、そういった気持ちも漏らさず描いている。だから読者は、この作品を読むことによって、様々な立場の自分をシミュレーションし、乗り越える勇気を持つことができる。

親が自分を忘れてしまう切なさについては、晴夫という名の中年男性の独白という体裁で、次のように描かれている。

母の記憶から自分が抜け落ちていくプロセスを、晴夫は少しずつ体験した。行けば必ず、よく来たね晴夫、仕事はどうなの、と訊いてくれた母がいつの間にか名前を呼ばなくなり、母自身の弟の名前と混同するようになり、それすら出てこなくなっていくのを、静かに遠ざかっていく引き潮のように感じていた。そしてその潮がもう二度と寄せてはこないことを、よくわかっていた。（後略）もはや母の意識の中に、自分が生み育てた晴夫という息子がいないのは淋しいことだった。けれども母に、「あなたのことが好きみたい」と言われた事実が、もうすでに人生の折り返し地点を過ぎ、妻も二人の娘もいる壮年の工藤晴夫を慰めた。遠からず訪れる永遠の別れのその先にも、自分は何度も母の言葉を思い出すだろう。いつも、何度出会いなおしても、母が好いてくれたという確かさに、自分はきっと勇気づけられるだろう。

ちなみにこの後に驚きのオチがある。この小説が、認知症にまつわる苦労話だけで終わらない所以である

また、別の場面では、娘の芙美が実家に戻り、病状が進んで聞いたことのない単語を繰り返す父を前にして固まってしまう姿が描かれる。しかし、受け取る側が変われば状況が変わることが示唆される。後日、芙美が、昇平と電話で会話する場面を引用する。

「おほらのゆうこうが、そっちであれして、こう、うわーっと、二階にさ、こっとるというか、なんというか、その、そもろるようなことが、あるだろう?」

芙美はあまりのわけのわからなさに、どうしていいかわからなかった。しかし、論理的に対応する必要性も感じなかったし、そもそも気力がなかったので、しばらく絶句したのちに、「あるね」と答えた。

この後、気をよくした父が意味不明の言葉を次々と紡ぎだし、芙美は、父が言うわけのわからない言葉を復唱するだけの、電話越しの会話が続く。そのうち芙美は、交際相手と破局した切なさを電話口に吐き出す。父は意味不明のボキャブラリーで対応するが、謎の会話が、計らずも、恋愛で傷つき仕事も手につかない芙美の心を少し落ち着かせるのであった。


「お父さん、わたし、またダメになった」

「おう?」

「無理だよ」

「そう、くりまるなよ」

「でも、くりまるよー」

「そうかあ?」

「来ないよ。連絡なんて来るわけない。だって、向こうはもともと」

「そりゃなあ、ゆーっとするんだな」

「ゆーっとする?」

「おう。中学やなんかでも、そういうことはあったよ」

「ふうん」

「まあ、あんたもどういうのか、くもじい、ということだな」

認知症だから会話が成り立たない、と思いがちだが、会話が成り立たないのは、健常と言われている者同士でも同じだ。成り立っていると思い込んでいるだけで、心の交流は成り立っていないことは日常茶飯事だ。とすれば、受け取り方次第で、本人も介護する側も救われるのではないか。そして、それは介護に限らず、すべての人間関係に言えることではなかろうか。自分の気持ちを逆撫でするような、かみ合わない人との会話には、心の交流など成立していないのだから、一方的な言葉を受け取って疲弊する必要はないのだ。

どんな形であれ、「長いお別れ」は必ずやってくる。ゆっくり遠ざかる病気に限らず、死別も一種の長いお別れだ。大事な人、そうでない人、いずれにしても避けられない。だからこそ、それまでの時間や人との関係は、自分が感じることを大切にして構築すればよい。大切な人なら、その本質を感じればよいし、口さがない他人はスルーすればよい。この小説は、認知症の人との関係を通して、人生の本質を示唆しているように思える。同時に、これから大切な人達を見送る世代に、トンガの葬式の音楽のように、明るく前へ進む力を与え、行先をほんのり灯してくれる指南書になっている。多くの人に読んでもらいたい。

（まきの・ゆみ、大学職員）

ほんものの美をもとめて

下山　静香

③『かくれ里』

――白洲正子 著

(講談社文芸文庫)

古今東西、星の数ほどある名著から、さて何を選ぼうかと思案しながら、自分のことを振り返ってみた。迷える青春時代、私を支えてくれていたのはズバリ、本である。名作といわれる小説から大好きなＳＦ、話題の句集まで、ジャンルを問わず読んでいったなかで、人生観にかかわる意味で印象に残っているのは随筆の分野だ。

私にとって、小説の世界に入り込むことは苦しい現実からの逃避でもあったが、随筆・エッセイは、いま生きている実感と、まだ見ぬ未来への希望をもたらしてくれるものだった。藤原新也を読んでは世界の広さに圧倒され、色川武大を読んでは、そんな世界にまぎれもなく存在する自分を鼓舞した。品格ある須賀敦子の美文に勇気づけられ、日常を切りとる向田邦子の語り口に唸った。様々な随筆に感じ入るたび、いまの自分が感じたことを書きとめておきたい、という思いも強くなった。何かを「感じる」のは刹那のことだから、それを新鮮なまま瞬間冷凍するように留められないだろうか。さらに、まだスポンジのように柔軟な感性だからこそ反応するアンテナもあるのではないか、とも思っていたからだ。

そんな私に「目覚め」をもたらしてくれたのが、白洲正子の随筆だった。クラシック音楽というわば外来の芸術に生活の大半を捧げる一方で、日本古来の文化とその精神に強く惹かれていた私は、「白洲正子の日本」と出会い、それから次々とむさぼるように著作を読んでいくことになったのである。

白洲正子の何が、心に響いたのか。ひとことで言うなら、ものの「見方」だ。美を見いだし、ほんものを追い求める、純粋で公平な眼。骨董の師でもあった青山二郎や、近代批評界の巨人・小林秀雄などとの交流を通じて、真の「目利き」とはどういうことかを考えさせられたりもする。その語り口は細やかで柔らかいのだが、慈しみに満ちているかと思えば、時折バッサリと斬る。その迷いのない斬り様も、白洲正子の大きな魅力だ。１９１0年、華族の家に生まれた正子には、薩摩隼人の血が流れている。薩摩示現流の使い手だった祖父・樺山資紀が若い時分、ある薩摩藩士が京都で見廻組に殺された。その葬儀の場で祖父は、同行していながらいち早く遁走した侍の首を、一刀のもとに斬り落とした。斬らざるを得なかった。このことが、正子の魂の源泉にあるのだという。示現流に受け技はない。ただ一瞬のうちに相手を斬るのみ。そんな血を背負った覚悟が、彼女の文体の奥には控えているのだ。そしてそれを支えているのは、本質をみる「眼」であることは言うまでもない。

数ある著書のなかで、まず1冊を選ぶとすれば、『かくれ里』を推したい。『藝術新潮』に2年かけて連載され、昭和46年（1971年）の暮れに出版されたこの随筆集は、人里離れてひっそりと存在する「現代のかくれ里」へと読む者をいざなってくれる。もっとも、「現代」とは執筆当時であって、1970年代初頭までの佇まいだから、時の流れとともに様変わりした場所も多々あるに違いない。けれど、はなからこれはガイドブックの類ではない。近代化・商業化が著しい都会から離れた土地の片隅で、人の手で大切に守られてきた様々な「美」との出会い。偶然に出会うこともあるし、どうしても会いたくてはるばる訪ねていくこともある。「韋駄天《いだてん》お正」の異名をとる彼女の行動力と、その原動力である情熱に支えられた、「美」に対するあくなき探求の過程がおもしろいのだ。彼女は時折、それを「道草」と表現したりする。この小径はどこにつながるのだろう、この方向に行ってみよう・・・と導かれるように進んでいった結果、目の前に大海原がひらけたり、いつの間にかもとの場所に戻っていたり。著者が楽しんでいる「道草」は実は、歴史、宗教、文化、芸術などに関する深い見識に裏打ちされている。しかし決して理詰めの味気ない論説なのではなく、形式や先入観にとらわれず自由に発想が飛んでいくのが白洲正子流といえる。あくまでも「随筆」なのだ。しかしそのまなざしは、恐ろしいほどに鋭い。たとえば一枚の面、一幅の絵巻、一地域の伝承――そのなかに、連綿と続いてきた歴史が呼応しあうのをみる。「歴史」とは、人々の心の営みそのものでもある。今この時も進行中の歴史を、私たち自身も担っていることに、あらためてハッとさせられる。

白洲正子は、4歳で能と衝撃的な出会いをしている。それ以降、本格的に稽古を続けた。ひたすら型を入れて無心になれば、そこには魂が宿る――。白洲正子というひとのぶれない土台は、能に打ち込むことによってつくられた部分が大きいだろう。しかし50歳を迎えた頃になって、免許皆伝を授かりながらもすっぱりとやめてしまう。能の道に邁進した結果、その本質がわかってしまった。男が女に扮装するからこそ顕れる能の幽玄の境地は、女の身では表現できない、と悟ったのだ。真剣に向き合っていたからこその決心は、凛として潔い。

能の修行から離れてしばらくののちに執筆された『かくれ里』は、かつて能面を求めて各地を旅したことがきっかけのひとつとなって構想されている。そんな経緯もあり、各地で数百年ものあいだ大事に守られてきた面の話が、この本においてもごく自然に語られる。たとえば、たまたま展覧会で見かけて興味をひいた古面に会いに、油日という地を訪ねる。ここの神社でのまつりで使われていた面や人形が、遠くギリシャや西域とのつながりを語りかけてくる。このような例はきっと様々な土地に存在していて、秘められているだけなのかもしれない。「秘められたものには魅力がある」。この一文には、表面的な言葉以上の真理があるように思う。古来より人が往来し、文化が交錯し、融合して残ったもの。それは、その土地で人々がつないできた生の、確かな証でもある。そんな秘めたるものとの邂逅は、なんと貴く、いとおしいことか。それがかつては、たとえば「まつり」で行われた。「祭り」「祀り」「奉り」——たとえば「お祭り騒ぎ」という言葉、その根っこにあるものに思いを馳せたなら、何でもない日常もかすかな輝きを発してみえてくるかもしれない。

そもそも、飛鳥や白鳳の時代は、私たちが想像するよりはるかに国際色豊かだった。大陸や半島からの渡来人、帰化人たちも、日本の政治経済や文化を支えていた。この本にも、帰化人や帰化人の子孫が登場する。「日本人は単一民族だから、・・・」などとしばしば耳にするけれど、「日本人」とは果たして何者なのだろうか。昨今、「日本はすごい」「日本人はすごい」とことさらに煽る風潮もみられるが、「日本固有の文化」の背景にあるものを含め俯瞰的に見つめなおすことも必要かと思う。

日本という土壌に備わっている、すべてを飲み込んでは変成させ、生かしてしまう大らかさ。その性格を育んだのは自然と、自然とともに生きる人間である。「人間は自然から遠ざかると病的になる。」という言葉が、現実味とともに迫って身に染みる。多様な自然が四季折々で変化する情趣、日本の人々はそれらを愛で、ときには畏怖しながら共生してきた。山に、石に樹木に、そして火に、魂の宿りを感じてきたのだ。そうして培われた美意識を、白洲正子はひとつひとつ、丁寧に伝えてくれる。そのまなざしは、遠いいにしえの人々にも、彼らの時代からたましいを受け継ぐ現代の人にも、同じように注がれている。だから私たちは、彼女の文章をとおして知るすべてを、生き生きと血の通ったものとして受け取ることができるのだろう。

「かくれ里」は、場所によっては、失脚した貴人や敗れた落人が隠れ棲んだ里、という意味合いももつことになる。たとえば、桜の名所としてつとに知られる吉野には、天武天皇、後醍醐天皇、義経など多くの貴人がかくれ、僧や文人も入っていった。南北朝時代に南朝最後の皇子を守っていた「筋目の者」の末裔たちとの面会など、〝会いに行く〟白洲正子だからこそという話もたいへん興味深い。時折、万葉などの和歌が登場するのも素敵だ。歌が生まれた背景を知り、詠み手の心に寄り添い共鳴するから、時を超えてその人に会ったような気持ちになれるのだ。

読書の楽しみは人それぞれだと思うが、そんな風に、自分と無縁だったものや事柄に出会えるのも醍醐味のひとつではないだろうか。知らないことは素通りせずに、その奥に分け入っていけば視野が広がり、世界をみる目が少しずつ開けていく。白洲正子の言う「道草」は無駄なのではなく、むしろ逆なのだ。たとえば、さらっと書かれている「秘スレバ花」、その言葉の出所である『風姿花伝』を著した世阿弥は、周知のとおり、能楽を大成させた人物だ。だが、そのような〝知識〟だけでは「知っている」ことにならないのは、皆さんも重々ご存じのことと思う。たとえば実際に『風姿花伝』を読む、能楽の舞台に足を運ぶ、名作の典拠となった古典文学に親しむ――という風に、ほんとうに「知っていく」道はその先にひらけていて、しかも長く続くのだ。

人は、自分の経験を基準にして物事を判断している。つまり経験の範囲が限界なのであって、それが浅かったり狭かったりすれば、本意とは裏腹に見誤ってしまうこともある。そうはいっても、いかんせん世界は広く複雑で、一人の人間に与えられた時間はといえば限られている。だからひとときいのちをいただいた身として、謙虚に、経験を積み重ね、少しずつでも眼力を鍛えていくしかない。出会いを大切にしながら、ひたすら「ほんとうに光るもの」を見つけていくこと。この姿勢はきっと、どのように生きるか、ということにつながっていくだろう。それはいかにも楽しく、希望に満ちた修行ではないか。そんな考えに私を導いてくれたのが、白洲正子なのだった。そして、何かと出会ったときにスパークする感覚はかけがえのないものだけれど、その瞬間がピークではないのだということも教えてもらった。生まれた感覚を育み、熟成させていくことは、新鮮な衝撃とはまた別種の、豊かな深みをもたらすのだと。

白洲正子が訪ねたかくれ里は、確かにそこにあったし、今もきっと「ある」のだと思う。そして彼女がみた「美」は、これからも生き続けていく。

さて、あなたはどこを歩き、何をみつけるだろうか。

（しもやま・しずか、ピアニスト・執筆家）

ここから入れば現代人にも禅の心がわかる

石原　孝哉

④『良寛の呼ぶ声』——中野孝次 著

（春秋社）

良寛は江戸時代末期の宝暦8年（1758）に越後の出雲崎に生まれ、天保2年（1831）島崎で、74歳の生涯を閉じるまで、半僧、半俗の自由な生涯を生き抜いた。里の子供たちと草相撲に興じ、おはじきや鞠つきを楽しんだ等の逸話が残り、新潟県の地元では親しみを込めて「良寛さー」と呼ばれた。

良寛の優しさを示す有名な逸話がある。乙子神社に仮住まいしていたときに、泥棒が入った。ところが貧乏暮らしで盗るものがないので、布団を盗むことにした。良寛は寝たふりをしたまま、寝返りを打って盗みやすくしてやった。「盗人にとり残されし窓の月」はこのとき作った俳句である。

かくれんぼの話も有名である。子供たちとかくれんぼをし、見つからないようにワラの中に隠れた。夕方になって探すのを諦めた子供たちは家に帰ってしまった。翌朝村人がワラをどかそうとすると、中から良寛が出てきて「これこれ、ワラをとったら子供たちに見つかってしまうではないか」と言った。このような逸話が多いために、良寛は奇人と思われることも多いが、僧としての学識や詩人、歌人としてはたぐいまれなる能力の持ち主であった。

良寛に関する本は無数にあり、その領域だけでも仏教、漢詩、短歌、俳句、伝記など多岐にわたり、それぞれの分野で優れた本が多い。良寛の真髄は禅僧としての生き様にあるとされるが、「不立文字（ふりゅうもんじ）」、すなわち真理は文字ないし言説では伝えられないと説く禅思想は、現代人にはなかなか理解しがたい。千に余るといわれる良寛を論じた書物の中から一冊をあげるのは難しいが、西洋的な論理思考になじんだ現代人、とくに簡潔平明な説明を好む若い世代にも理解しやすい入門書として、中野孝次著『良寛の呼ぶ声』を水先案内として良寛の世界に分け入ってみたい。

本書も最初は伝記から入るが、多くの類書に見られるように年表を追うような書き方ではなく、庄屋の家に生まれながら、社会性、政治性といった能力を欠いた「名主の昼行灯息子」といった視点から解説している。昼行灯は文字通りには「バカ息子」の意味であるが、中野氏は「愚」というキーワードでこれを説明している。このように現実的、実務的能力を欠いた良寛が救いの道を求めたのが仏道であった。

禅僧として備中玉島の円通寺の国仙和尚について修行すること10年以上、曹洞宗の宗祖道元の『正法眼蔵』を熟読し、座禅弁道のひたむきさは他に並ぶ者なしといわれるほど修行に励み、ついに国仙和尚から印可をうける。一般には、これで寺の住職となって、安穏な生活に収まるのだが、良寛は寺も持たず、説法もせず、草庵に雨露を忍んで、托鉢でその日の食を得る乞食坊主の生活を送った。禅では托鉢で食べ物を恵んでもらうことを「乞食（こつじき）」と称し、大事な修行の一つであったが、これを生涯貫くのは並大抵ではできない。このような良寛を評して師匠の国仙和尚は「良や愚のごとく道転（うた）た寛（ひろ）し」と述べている。すなわち良寛は一見愚かそうに見えるが彼の仏道理解は広大無限である」と見抜いていた。良寛もこのような自分を自覚し、自ら「大愚」と号した。国仙和尚は大愚良寛の仏教理解が卓抜であったことを見抜いたが、良寛は文学にも卓抜な才能を示した。

良寛の文学作品は多岐にわたるが、誰にもわかりやすいのが俳句であろう。

良寛の俳句はそれほど多くないが、身近な題材を平易な言葉で詠んでいるために人気がある。子供や動物などを詠んだ句は小林一茶にも通じるが、尊敬していたのは松尾芭蕉で、「芭蕉翁　芭蕉翁　人をして千古この翁を仰がしむ」という言葉を始め、多くの賞賛の辞が残っている。良寛の父以南も「北越蕉風中興の棟梁」といわれた俳人で、名前の以南は俳号である。この父からの教育もあろうが、それよりも、「松のことは松に習え、竹のことは竹に習え」、「俳句は作るものではなく、自然になるもの」という態度で句作に向かった芭蕉の態度に共鳴したものと思われる。

以下に春夏秋冬を詠んだ十首を選んでみた。

「今日みずば明日は散りなむ梅の花」

美しく咲く梅も明日は散る。命とは何かと問われて「吐く息と吸う息の間にある」と答える禅問答があるが、一瞬一瞬の命を大事にした良寛の人間性を感じさせる一句で、芳香とともに花のはかなさも感じられる。

「夢さめて聞くは蛙の遠音かな」

春になると水田に水が張られると蛙が産卵にやってくる。夢心地に蛙の声を聞くという田舎ならではののどかな情景が浮かんでくる。

「ほろ酔ひのあしもと軽し春の風」

酒好きの良寛らしい一句。良寛と交遊する人々は、酒を飲みながら歌を詠み合った。

その帰り道のえもいわれぬ幸福感が伝わってくる。

「鉄鉢に明日の米あり夕涼み」

夕涼みは夏の季語である。明日の米があれば十分、清貧を旨とする良寛の信条が吐露されている。良寛は寺も檀家も持たなかったから毎日の生活の保障がない。家々の門に立ってお経をあげ、わずかな施しを受ける托鉢で生活している。鉄鉢（てっぱつ）は施しものをいただくお椀で、良寛の愛用した木製の黒漆をかけた鉄鉢が残っている。なお、漢詩には、日が暮れてくるというのに、今日もまた托鉢の鉢は空のままで、荒れ果てた村の路を帰るところを詠った詩がある。自らの餓えをしのぐのがやっとであった江戸末期の寒村では、乞食坊主が托鉢に回ってもだれも食べ物を恵んではくれず、今日もまた空腹のまま日が暮れてゆくという、痛ましいような詩である。

「夏の夜や蚤を数えて明かしけり」

ノミやシラミが当たり前だった時代を彷彿とさせる。なお芭蕉には、『奥の細道』に「蚤虱（しらみ）馬の尿（しと）する枕元」という句があり、一茶には「蚤のあと数えながらに添乳かな」、「としよりと見くびって蚤逃げぬかよ」など多くの句がある。

「二人して筆をとりあふ秋の宵」

秋の夜長を歌合わせをして過ごす文人らしい句。良寛の短歌や俳句は親しき人々との交遊の中で、意思疎通の手段として気軽に使われたと思われる。現代人ならメールを送るような気軽さが読み取れる。良寛の俳句が親しみやすいといわれる所以である。

「ゆく秋のあわれを誰にかたらまし」

秋は日ごとに夕暮れが早く、日が落ちると途端に寒さが身にしみる。年老いて一人暮らす身の心細さを愚痴る相手もいない。雪国越後の厳しい冬はもうすぐそこまで来ている。

「うらを見せおもてを見せて散るもみじ」

一般に良寛の辞世の句とされるが、良寛作ではなく良寛がよく口にしていたお気に入りの句である。晩年を看取った貞心尼が『蓮の露』でそのいきさつを述べている。

「雨もりやまた寝るとこの寒さかな」

良寛は一時真言宗国上寺の隠居屋である五合庵に仮住まいしていた。ここは万元坊が一日五合の米があれば生きてゆけるとして独居の修行のために建てた草庵であったが、年月を経て荒れ果て、修理したとはいえ寝床まで雨もりで濡れるようなあばら屋であった。清貧は良寛の生き様であり、他の詩でも「僧伽《そうぎゃ》は清貧を可とす」というような語が頻出する。これは道元が強調する教えの一つで、『正法眼蔵』でも「学道の人須《すべから》くは先ず貧なるべし」と説き、僧は衣と托鉢用の鉢のほかは財宝を持たず、居所を気にせず、衣食を貪ってはいけないと教えている。この教えを守って清貧を旨とした良寛であったが冬の雨もりは苦痛。

「日々日々に時雨の降れば人老いぬ」

老人に寒さはこたえるが人は着実に老いる。越後は雪が深く、時雨が来れば、すぐ後に初雪となる。

何れも日常をそのまま切り取っただけの素朴な句であるが、良寛らしい優しさとほのぼのとした温もりが感じられる。

ところで良寛は俳句を文学や創作であると認識していた形跡はなく、日常生活のなかで気軽に使っていた。『良寛の俳句』を著わした村山砂田男氏は「俳句は良寛のウイットで、そこには技巧を超えた真実の言葉がある」とその本質をついてみせた。一方、短歌はその数も多く、中野氏も多くの紙面を割いて解説している。良寛は『万葉集』を熟読玩味してこれを完全に自家薬籠中のものとしていた。晩年名声が上がって文人墨客との付き合いが増えると、歌による交流も増えた。良寛は千四百首あまりの短歌を残し、文人良寛の業績の中で不動の地位を保っている。しかし、良寛の文学作品のなかで傑出していたのは漢詩である。夏目漱石は日本の英文学の草分けだが、その漢詩の技量は中国人も舌を巻いたといわれている。その漱石が、良寛の漢詩は極めて質が高く、古来の詩人中そのたぐい希であると絶賛している。良寛には、百首以上の漢詩を集めた「草堂集」という自筆の詩集をはじめ、生涯で約五百首、同趣のものを含めると七百首以上という膨大な漢詩が残っている。この漢詩まで読み込めば世の人々が「大賢は大愚に似たり」と評する意味がわかるのだが、初学者は先ず「良寛文学は俳句から」を試してほしい。

なお、かつての良寛は文人としてよりは、作品を書いた墨跡の方が有名であった。良寛は、書家の書、歌詠みの歌など洗練されて形式の整ったものを嫌って、自由奔放に筆を振るった。にもかかわらず、江戸時代には書聖といわれた空海を凌ぐといわれるほどの人気があった。だが、正直に言ってはなはだ読みにくい。良寛が奔放に筆を操っているせいもあるが、もう一つは万葉仮名を駆使しているので現代人には判読が難しいのである。

最後に、良寛の人気の秘密が「人間良寛」の底知れぬやさしさと、いわく言いがたいほどの懐《ふところ》の深さであることを指摘しておきたい。

良寛71歳の頃、三条を中心に激震が越後を襲った。良寛は長文の「地震後詩」を書いたが、山田杜皐の見舞状の返事に書いた書簡もよく知られている。先ず自分が無事であったことを報告し、続けて「然し災難に逢う時節には災難に逢うがよく候　死ぬ時節には死ぬがよく候　是はこれ災難をのがるる妙法にて候」と述べている。私淑してやまなかった道元の「生来《せい》たらば、ただこれ生。滅来たらば、これ滅に向かいて仕《つか》うべし。厭《いと》うことなかれ、願うことなかれ」という言葉が浮かぶ。良寛は、腹痛（直腸癌といわれている）に苦しんでいた。天保2年正月、身を寄せていた木村家に、弟の由之、最後の弟子の貞心尼などごく少数が集まって最期を看取った。「形見とて何か残さん　春は花　山ほととぎす　秋はもみじ葉」これは死の前日に残したという辞世の歌である。死を目前にした良寛の胸に去来したのは道元の「春は花　夏ほととぎす　秋は月　冬雪さえてすずしかりけり」という歌であった。月光を真如の光ととらえ、雪を「すずしかりけり」と喝破した道元に対して、秋はもみじ葉と淡々と自然を詠み込んだのがいかにも良寛らしい。また、死の間際に、何か言い残すことはないかと問われて「死にとうなし」と答え、改めて辞世の句はと問われると、「散る桜　残る桜も　散る桜」と答えたという。この句は戦時中、特攻隊の心情と重ねられて有名になったが、「死にとうなし」という人間らしい本音のほうが良寛らしい。晩年は高僧として崇敬された良寛であったが、「死にたくない」という万人共通の思いを、何のてらいもなく正直に口にするところが「良寛さー」の面目躍如たる所である。

（いしはら・こうさい、駒澤大学名誉教授・曹洞宗光源院住職）

兄弟の生きざまの違い、戦争と恋の交錯

小倉　和夫

⑤
『チボー家の人々』
——ロジェ・マルタン・デュ・ガール著
山内義雄訳

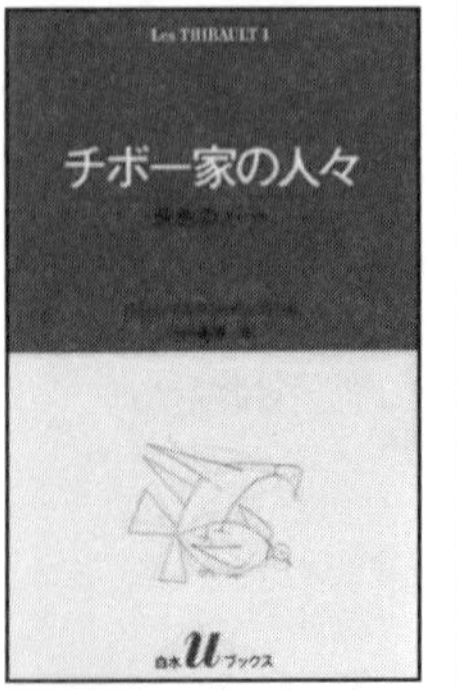

（白水Uブックス）

青春時代に大きな感銘を受け、その後、何度も手に取り、原文〈仏文〉までとりよせて読み返した小説の一つが、フランスの作家ロジェ・マルタン・デュ・ガール（１８８１～１９５８）のノーベル賞受賞作『チボー家の人々』である。

一。概要

この小説は、第一次大戦前夜から、戦時中、そして、戦争直後の激動の時代を生き抜き、かつ命を散らした二人の兄弟とその父親を主人公としている。

社会的名誉や地位を重んじ、熱心なカトリック教徒であるチボー家の当主オスカー・チボーは、反抗的な次男のジャックを許せず、みずからの経営する少年保護施設へ送り込み、冷静でしっかりした小児科医の長男アントワーヌにチボー家の将来を託そうとしている。オスカーはまた、プロテスタントの隣人に対してよそよそしい態度をとるほどカトリックの信仰に身を入れる一方、自らが病に倒れると日頃の信仰がぐらついたりする「俗物」的側面をもつブルジョアである。

二人の兄弟とこの父親との関係には、今日の、中流ないし上流家庭の親子関係、父親と息子との関係についても考えさせるものが多く含まれている。

長男アントワーヌは、一見柔順かつ理性的な医師ではあるが、宗教を信ぜず、もっぱら科学的精神を尊重して生きようとしている。彼は、世間的名誉や地位、栄達を当然良いものとみなしているが、その一方心のどこかに、父親の生き方、ブルジョワジーの体質へのかすかな反抗心がある。そうした心理が、奔放で、自由を重んじる異教の女性ラシェルへの恋心につながった。

一方、次男ジャックは、生来の反抗心の延長でもある理想主義、社会主義に傾倒し、また、父親のきらうプロテスタントの家族の一員ジェンニーと恋におちる。

ジャックは、社会運動、平和運動に身をささげ、結局、戦場の上空から反戦ビラを撒くといった行動に走って死ぬ。戦場におもむく直前、駅前の小さなホテルでジェンニーと結ばれ、やがて彼女は、ジャックの死後出産し、その子がチボー家を継ぐという皮肉な結果となる。

長男アントワーヌの方は、常識と理性の道を歩んだ末に、戦場で毒ガスを蒙《こうむ》り、南仏の療養所で孤独な死をむかえる。死の直前、一年以上前に発送された安息香の香りの漂う首飾りが届く。別れた恋人ラシェルからの形見だった。こうして、二人は、共に、孤独な死を体験する。

二。登場人物をめぐって
——兄弟の生きざま——

この小説については、よく、アントワーヌとジャック兄弟の生き方の違いが注目される。特に、劇的死をとげたジャックについては、反戦の理想を貫いた彼の勇気に感嘆するものもあれば、あまりにも無鉄砲な行動に、いささか喜劇じみたものを感じ取る人もいよう。とりわけ、社会主義や反戦運動などから遠い世界にすむ現代日本の若者から見れば、ジャックの生き方に自らを重ねようとする者は稀であろう。しかし、ジャックの反戦を、一歩下がって、彼の生きていた時代のなかにもう一遍しっかり据えてみる必要がある。彼の思想は、戦争反対ということよりも、むしろ、国家利益と国の栄光に向けて国民の情熱を煽ろうとする権力と勢力に対する市民の抵抗精神にあったのではないか。その意味では、ナショナリズムを扇動せんとする政治権力が世界に満ちている現在、こうした抵抗精神の意味は、決して消滅していないといえる。

他方、ささやかな野心と、常識なり理性に導かれた生活を送ろうとしたアントワーヌの夢が、戦争と毒ガスによって無残に崩れ落ちたことをもって、小市民的生き方の空しさを説くのはこれまた、いささか軽薄であろう。

時代の流れに押し流されたとはいえ、アントワーヌは、常に己を見失わなかった。どこまでも、みずからに忠実に生きようとした。一見常識的、小市民的生き方こそ、実は、無理をしない、それでいて、堅固な、粘り強い生き方ともいえるのではなかろうか。そこには、時代の変遷をこえていつの世にも通じる「普通の市民」の強さがかくれているとも言えよう。

三。戦争と運命と恋

アントワーヌとジャック兄弟の生きざまをはなれても、この書は、戦争が人の運命を狂わせ、悲劇を生む過程を描写した反戦の書であり、時代の流れと人の運命の相葛を描いたものとうけとめることができる。

また、読む人によっては、常識的生き方をしたアントワーヌは、結局何も残せず、恋にも破れたのに対して、反抗と理想に生きたジャックが、一夜の契りで子孫をのこし、理想が継がれてゆく可能性を維持できたことに、戦争といった時代の嵐にあっても、全うすべき人の生き方を読み取ろうとするかもしれない。

あるいは、資本主義社会の上流中産階級の倫理と生きざまのなかにひそむ知的虚栄と偽善をこの書物のなかに嗅ぎとる人もいるであろう。

しかし、何と言っても、アントワーヌとラシェルの恋の道筋には、深く考えさせられるものが潜んでいるように、思えてならない。

民族的出身の違い、育った家庭環境の違い、奔放で自由な生き方に身をゆだねる女性への男の憧れとどこかに潜む恐れ、そして、女の方では如何に好きでも男に縛られたくないという激しい感情――――そうした複雑な恋心の葛藤は、今日においてもよくあることだ。

しかし、アントワーヌとラシェルの恋の破綻は、果たしてそうした要因が真の原因だったと言えるだろうか。

そもそも、二人の出会いは、ラシェルがたまたま面倒を見ていた子供の突然の発病と医師アントワーヌの往診に発している。別荘地帯での隣人同士の付き合いという、言わば、プルジョア社会のつながりが縁の始まりだったジャックとジェンニーの恋路と異なり、アントワーヌの女性との付き合いのきっかけは、偶然の出来事であった。それが、恋の道につながったのは、アントワーヌの心のどこかに、ブルジョア的、良き市民的生活の枠内にいつもとどまっていることに対する、無意識の反逆心があったからではなかったか。反抗心のかたまりのようなジャックの恋路が、むしろ小市民的であるのとは逆に、良き市民を目指すアントワーヌの恋のなかに、ブルジョア社会の人間の運命への反抗的要素が入り込んでいたともいえる。

アントワーヌとラシェルの関係については、恋路のはじまりだけでなく、良く考えねばならない点は、恋路の終わり方である。

ラシェルがアントワーヌと別れる決心をして、アフリカまで追いかけていったイルシュなる男性は、小説の上では、物理的には全く姿を現さない。言ってみれば、この男は、ラシェルの頭あるいは心のなかに存在する「憧れの偶像―あるいはその化身」に過ぎず、そうした偶像の存在を、事実の上でも確かめようとして、彼女はアフリカの僻地への旅立ちを決心したといえるのかもしれない。

ラシェルは自分に「理想的」な男性像をもち、その「影」を追い求めていた。そしてアントワーヌとの「恋」は、もともと、つかの間の遊び心だったとも考えられる。

アントワーヌの方も、ラシェルの奔放さ、ブルジョア社会の風習など気にもかけない女の自由な生きざまに憧れ、感嘆しながらも、そうした自分を、どこかで冷静に見つめていたはずである。その意味で、彼の恋は熱くもあり、また、冷めてもいた。

したがって、探く考えてみれば、そもそも、二人は、どこか深いところで、分かり合っていた。すなわち、自分たちが、結婚や同棲生活をいとなむことは、諸般の事情からできないことであると心の底のどこかで感じ取っていた。それが故に二人の恋は、一層情熱的に燃え上がった。つかの間の恋だからこその哀歓と激情があった。

成就できない恋こそ本当の恋なのだ――そう考えると、思い出の首飾りをまさぐり、安息香の香りをかぎながら、アントワーヌが最後に呟いた言葉である「ラシェルもまた」という言葉の「もまた」のなかに、実は、孤独の死という共通項によって、遂に二人の恋が成就したことが暗示されているとも言える。

恋の成就とは、この世で物理的に結ばれることだけではない――よく「あの世でむすばれる」という言葉が、歌舞伎や時代劇などでささやかれるが、現代的感覚から言っても、時空をこえて結ばれる恋の成就は存在するということなのではあるまいか。

四。作者と作品

『チボー家の人々』の作者ロジェ・マルタン・デュ・ガールは、1881年パリ郊外のニュイイで生まれた。彼の家は代々政府の高官を輩出した裕福なカトリック教徒の家柄であった（生地のニュイイは、今日でも、パリの上流中産階級が住む所として名がしられている）。『チボー家の人々』には、こうした作者の家庭の伝統や雰囲気が反映されているといえる。作者は、結婚後間もなく、アフリカに長い旅行に出掛けており、作品のなかでアフリカに関する事象が顔をだすのも、彼のアフリカ体験の反映であろう。

また、作者が小説家を志したのは、トルストイに傾倒したせいであると言われており、彼の作品の底に流れる、ある種のヒューマニズムの源は、そこにあったとも考えられる。『チボー家の人々』の最初の六巻は1920年からほぼ9年かけて書き上げられたが、作者が1931年自動車事故にあって長期療養生活を余儀なくされたため、作品は中断された。その後、1936年にいたり「一九一四年夏」および「エピローグ」の巻が完成した。「一九一四年夏」の巻によって、1937年ノーベル文学賞が与えられた背後には、こうしたやや複雑な制作過程が反映している。

五。この小説をめぐる友人や家族との対話

『チボー家の人々』については、よく自分の友人たちと話題にした。なかには、小生の勧めで初めて読んで感激したという人もあれば、あまりの大河小説なので尻込みしたという人もいた。

読後の感想についても、ジャックの生き方に深く感じるものがあったという人もいれば、ラシェルとアントワーヌの別離の情景を描いたル・アーブル港での哀調のこもった文章に感動したという人もいた。

この作品の翻訳は、極めて読みやすく、そのせいもあってか、翻訳賞が授与されたと記憶するが、フランス語の原文で読んでも、比較的容易に読めるという印象をもった人が多いようだ。

私自身が、この本に出会ったきっかけは、父の書棚に、ヘルマン・ヘッセ全集やアンドレ・ジイドの作品などと並んでおかれており、ふと手にとって読み出したことに発している。母ともこの作品について、話題にしたことを懐かしく思い出し、この小説が「わが家の人々」を繋ぐ糸にもなったと思っている。

（おぐら・かずお、元駐フランス大使・独立行政法人国際交流基金顧問）

「推《お》し」は、プラテーロ！

さあ、ゆこうよ、プラテーロ。人生という砂利道を

坂東　俊枝

⑥

『プラテーロとわたし』

――フアン・ラモン・ヒメーネス 著
長南　実 訳

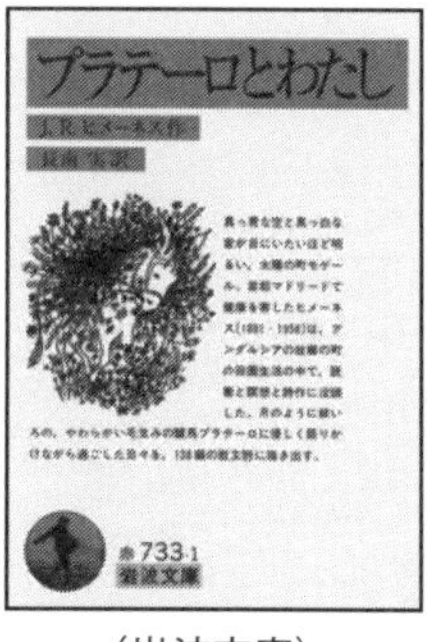

（岩波文庫）

「推《お》し活《かつ》」が、もてはやされている。若者ばかりではない。高齢のご婦人ですら堂々と、「私の推《お》し」だとアイドルやキャラクターを披露し、いかにそれが魅力的で、いかに可愛らしく、いかに素晴らしいかを声高々と語っているのだ。私も、あなたに「推《お》し」として、一匹のロバを紹介したい。ロバ…と聞いて、なんと滑稽な、なんと地味な、と呆れる人もいるだろう。確かに、馬に比べてロバの歩みは遅い、ずんぐりむっくりで、愚鈍の象徴のようにも言われてきた。しかし、スペインの乾いた大地では、ロバが愛され重宝されてきたのだ。

スペインのロバと聞いて一番に思い浮かべるのは、世界的文豪セルバンテスが編み出した『ドン・キホーテ』に登場するロバかもしれない。ドン・キホーテを乗せた痩せ馬ロシナンテの隣で、でっぷりと太ったサンチョ・パンサを乗せているロバだ。だが、私が「推《お》し」として愛して欲しいと願うロバの名は、プラテーロ。生みの親は、１９５６年にノーベル文学賞を受賞した詩人、ヒメネス。20代の頃、彼は、父の死をきっかけに酷《ひど》く心を病むのだ。療養のために戻った故郷アンダルシア、モゲールで出会った一匹のロバに、それは銀色に輝く毛並みの、外側はとてもふんわりとしていて、鏡のような瞳が黒水晶のカブトムシみたいに黒く光っているロバであるのだが、プラテーロに語りかけるように散文詩『プラテーロとわたし』を紡いだ。世界中で一躍有名になったこの散文詩の主人公こそ、愛すべきプラテーロなのだ。

ヒメネスの詩人としての才能に、心を鷲掴みにされることはまちがいない。まず、風景や情景の描写が秀逸なのだ。結核の少女を「しおれた月下香《ナルド》の花のように青ざめた艶のない顔をして、真っ白で寒々とした寝室の真ん中のわびしげな椅子に体をこわばらせていた」と表現し、「ねえ、プラテーロ、モゲールの町の魂はパンなのだよ」と、詩的な表現をする。ひとつひとつの言葉が、とても官能的だと思わないか。スペイン産ワインを片手に、ひとつひとつの言葉を舐めまわすような気分で、この書をつまみにしてみるといい。

この書は児童にも親しまれているのに、底抜けに明るく前向きな話が展開するわけでも、奇想天外なストーリーが展開するわけでもない。それどころか、なんと不躾に、忖度なしに、子どもたちを突き放しているのだろうかと驚く。貧しい子どもたちに告げるのだ。「そうそう！　今は歌いなさい、夢みなさい、君たちに人生の春の夜明けがおとずれるとき、冬の姿をよそおった春が、無邪気な物乞いのように君たちをおびえさせることだろう」。「小僧どもが小鳥を捕まえる網を張ってあった。…小鳥たちは、歌いながら、ほかの松林をめざして飛び立った」。全く、容赦ないのである。

児童書には、動物との交流を描いた感動物語が多い。なのに、この本に登場する動物ときたら…くたびれた犬、蚤をとっている一匹の猿、オリーブの木でジージーとなく蝉、疥《かい》癬《せん》病みの犬、やせこけた犬、年とった灰色の雌山羊、去勢された馬…その姿を想像してみてほしい。暗澹たる気持ちに襲われる。そして、最後の数編ではプラテーロの死が語られ、読者の深い悲しみを誘う。ヒメネスは、死んでしまったプラテーロに、いつまでも思っているよ…と熱い想いを吐きだすのだ。まるで、ラブレターではないか。さらに、「プラテーロ、きみはわたしたちを見ているよ、そうだね？」と、5回も繰り返すのだ。死は、誰しも逃れることはできないが、決して終わりではないことを実感することで、私は少し救われた。子どもたちにも、恐がらずに死というものに向き合ってほしいと思う。悲しいことではあるが、ちゃんと前を向いて受け止めればいいんだよ…と。

ヒメネスが社会を俯瞰する眼は冷静で、どうにもやるせない民衆の貧困や、どうにもならない過酷な労働にも直球を投げ込んでくる。「うちの父ちゃんだって猟銃があるよ」。「うちの父ちゃんにゃあ馬があらあ」と自慢し合う子どもの無邪気さを、彼は、こう切り捨てるのだ。「ひもじさを撃ち殺せない猟銃…」。「みじめな暮らしへと運んでいく馬…」。後頭部に猟銃を向けられたような衝撃を受けた。生きることは大変なんだよ、と諭されているような気持ちになったと同時に、それは妙に説得力がある逆説的な励ましとも思えた。

こう書いていくと、本当に私が手に取りたい一冊だろうか…と懐疑的に思われる皆さんもいらっしゃるかもしれない。だが、この書には、さっきまで手を出すのを躊躇していた臭くて癖のあるチーズを、味わってみれば、なんと深みのあるチーズなのだと一瞬で心変わりをするような魅力があるのだ。味わえば味わうほど、どこまでも客観的なヒメネスの観察力に心を奪われていく。生きることには、運命的な哀しさがあるものだ。ヒメネスの言葉は、その哀しみすら結晶とし、水晶のような透明な輝きを私たちに見せてくれているような気がするのだ。ヒメネスに、皮肉っぽく諭されているようでいて、これが思いのほか気持ちいいのだ。

貫かれているプラテーロの純粋無垢には、何よりも心が洗われる。そこには、ヒメネスの震えるような優しさが見え隠れしているのだ。作中に、井戸が登場する。ヒメネスの弱った心が手に取るようにわかる。「ねえ、プラテーロ、もしわたしがいつかこの井戸へ飛び込むとしたら、それは死のうとしてではなく、ほんとはね、てっとり早く星をつかまえるためなのだよ」。死を否定してはいるが、この告白の向こうには、悲しいくらいに死が見え隠れしている。でも、プラテーロ、苦しくても君を置いてぼくは死なないよ…とでも言っているようなヒメネスの哀しい優しさが垣間見えるのだ。微笑ましい描写もある。プラテーロが恋をするのだ。「突然、プラテーロは、耳をぴんと立てて、鼻の孔をぐっと開け、目にとどくほどにまくりあげ、大きな空豆のような黄色い歯をむき出す…やはりそうか、向こうの丘の上に青い空を背にして、プラテーロの恋人が、すんなりした灰色の姿を見せたのだ」。この瞬間、私自身がプラテーロに恋をした。

彼は、療養先として、ふるさとモゲールを選んだ。私たちは、甘美であるのに切なく悲しい「ふるさと」という言葉の響きに弱い。自分を育ててくれた大地、関わってきた人たち、確かにそれは、とてつもなく大きな影響力で私たちを作ってくれたに違いない。彼は、ふるさとの原風景を見つめ直すことで、自分自身の心と対峙していたことはまちがいない。この書にも、ふるさとの情景が記されている。「…ドン・ホセは、中庭の竜舌蘭《りゅうぜつらん》に卵の殻を置いていた」。少しでも、スペイン片田舎の風景を知っている人にとっては、そのなんでもない描写に、ひどく心を揺さぶられるのだ。私自身、高齢の父親の介護のために、ふるさとを訪ねることが多い。無くなっても覚えているもの、昔ながらの姿に安堵するもの、新しくなって感心させられるもの…それらのいずれをも、ふるさとは見せてくれ、いずれにも心を揺さぶられる私がいる。ふるさとには、「それでいいのだ。変わってもいい、そのままでもいい」と大きな懐で、私をまるっと受け止めてくれているような安心感があるのだ。ヒメネスは、ふるさとモゲールで、姿のない母親の懐に抱かれて、見えない父親の腕に抱きかかえられながら高い枝に手を伸ばし、自分自身を取り戻していったのだろう。

現代でも、心を病む人は多い。自分はどうしようもなくダメなヤツだとの想いが頭を離れず、一定のグループに加わることで安心してはいるが、仲良しごっこに甘んじてごまかしているようなものだ。目立ちたくもあり、目立つことを畏れてもいて、振り子のように揺れている。社会の課題にも敏感で、拳を振り上げることも厭わない。反面、批判には、すぐに心が折れる。皆さんは、その不快でじくじくとした胸のつかえや、異様に昂る社会への不満や、ひょっとしたらそれが向けられているのは自分自身かも知れないが、得体のしれない何者かへの憤りと、どのように向き合って自らの心を平静に保っているのだろうか。心を病むまで至らなくても、どこかで空気抜きの作業を繰り返さなければ、世界が一瞬で混沌に変わるような現代社会は、ひじょうに生きづらいのだ。

心がやけに鬱々とする日には、底抜けに明るい本を読んで笑い飛ばしたくなることもある。酔いつぶれて、中途半端な自分を忘れようとすることもある。半面、悲しい映画に心を委ねたいと思うときがある。この、どこか物悲しい物語は、涙こそでるわけではないが読後感は妙に清々しく、心に切なさと優しさが満ち溢れてきて、無性に誰かに優しくしてみたくなる。プラテーロが足を引きずっている場面がある。片田舎の砂利道を歩いたのだろうか、足の裏に棘が刺さっていたのだ。ヒメネスは、まるで自分が傷ついたかのような痛みを感じて、慌ててプラテーロの足裏の棘を抜くと小川のせせらぎで洗ってやり、少しほっとするのだ。そして、いつまでも、その足取りを気にかけ、歩く道を気にかけてやるのだ。愛すべき他者がいることは、なんと幸せなことだろうか。愛されるのではなく、愛することが幸せなのだ。たった一度でも、そんな愛すべき者に出会うことができたら、それは「推《お》し」でもいいのだが、瞬時に鬱々とした心を吹き飛ばし、生きることに前向きになれると思うのだ。

生き方迷子になったときこそ、良書を読もう。心に稲妻が走るような言葉や一文に出会えば、皆さんの心にも、弱さに立ち向かおうとする力がみなぎるはずだ。だが、私たちは、その言葉を越えて、その一文を越えて生きていかなくてはならない。一冊の書物に救われるということは、そういったことなのだろうと思う。さらに言えば、皆さんにも、詩人の心を持ち続けて欲しいと思う。私自身、詩を読み、詩を書く。あまたの詩人の言葉を読んでみれば、悔しさや劣等感がなければ生まれなかった激しい言葉に身震いすることがある。心の中の黒く醜い塊が、言葉という薄いフィルムに包まれていることで妙に安心することがある。詩人の言葉は、今生きている私の輪郭を際立たせ、曖昧模糊も悪くはないな、と処世術さえ学ばせてくれる。

ふと、思った。詩人の心、それは心に棘を持つことかも知れない。それは、他者に対して罵詈雑言を投げかけることでも、人を傷つける言葉を吐く人になれという意味でもないのだが、自分の心を甘やかさないためにも、心に棘を持とう。その棘は、時には自分を傷つけ、自己嫌悪という深い穴に貶めるかもしれない。一方で、傍若無人に自分を攻撃する何者かに対しては、ハリネズミのように言葉という棘で武装して自分を守ればいい。

久しぶりに、このあいだまで日本一の高さを誇っていた、あべのハルカス展望台に上ってみた。ガラス一面に見えるのは空だけ…。だが、三月の空は、晴天にもかかわらず、ぼんやりと霞んでいた。作品の舞台、スペインはアンダルシア、モゲールの町の、心に刺さるような空が見たい、透明な青が見たい、アンダルシア特有の白い眩しい街並みが見たい、と無性に思った。自分がつけている薄っぺらな鎧を心の棘で突き破って、どうしようもない自分を、とことん愛してやろうではないかと勇気が湧いてきた。

哀しくも純朴な『プラテーロとわたし』を、あなたの「推《お》し」として、何度でも味わってみてほしい。味わうたびに、あなたの心も黒水晶のような光を増すはずだ。「推《お》し活《かつ》」なのだから、モゲールの町も訪れて欲しい。本物の青い空と白い壁を、自らの心と脳裏に焼きつけて欲しい。綿毛のように柔らかいものではないかもしれないが、プラテーロの銅像にも会ってみてほしい。この書に登場するあちこちの通りを歩いてみて欲しい。あたかも隣にプラテーロがいるかのように…。

「さあ、ゆこうよ、プラテーロ」とヒメネスが愛ロバに語ったように、「さあ、ゆこうよ、人生という砂利道を。あなただけの一冊を携えて！」。

（ばんどう・としえ、エッセイスト）

それが正しい願いなら、全宇宙が君を助ける

志賀　裕美

⑦『アルケミスト　夢を旅した少年』

パウロ・コエーリョ　著
山川紘矢＋山川亜希子　訳

（角川文庫）

もし、「青春時代に戻してあげますよ。」と誰かに言われても、せっかくですがご辞退させていただきます、と私は答えるだろう。自分が何者かわかっていないという不安ほど辛いものはない。

それでもたった一冊だけ、もし若い時に手にできていたら、と思う本がある。ここで推薦する『アルケミスト　夢を旅した少年』がそれで、今と全く同じ人生にたどり着いたとしても、かなり不安やしんどさが減っていたことだろう。

高校の教員をしていた頃、卒業式の日に生徒たちが「何か書いてください。」とアルバムを持ってくることがよくあった。いつも同じ言葉を書いて返したのだが、それは「誰かのために確実に役に立てた、と思えた時、人は心からの幸せを感じることができます。ひとりひとりがその人にしかできない何かをしに、この世に来ています。早くその何か、を見つけられるといいですね。」というものだった。自分の存在意義が確かにあることに早くから気がつけば、生きるのが少し楽になる。

『アルケミスト』は読者をそのような思いへと誘う。自分は宇宙の一部であり、宇宙と同じもの、と知れば劣等感を持つ必要もないし、他人を出し抜いて一人勝ちすることの、また慢心することの無意味さにも気づくだろう。何かを得たこと、あるいは得られなかったことが自分にとってどのような意味を持つのか、立ち止まって考えるようにもなるだろう。

それに気づいてから、機会をとらえてはこの本をひたすら贈り続けてきた。卒業後しばらくして訪ねてきた元生徒。行きつけの美容院に入った新人さん。定年退職後に学士入学をした大学でのクラスメイト。受け取ってくれたすべての人が読んでくれたとは思わないし、途中で投げ出した人も、そんなに大切な本になったわけではないという人もいることだろう。だが、「まさに今、自分が読むべき本でした!」とメールしてきた人たちも確実に存在する。今、この文章を目にしている若いあなたは、そのような対象を求めてここにたどり着いたはず。あなたがそのうちの一人になる可能性は限りなく高いのではないだろうか。

この本は、思いがけず世界を広げることもある。臨任の若い同僚にプレゼントしたときのこと。彼はこの本を持ってラーメン屋に入り、机に置いたままトイレに行って戻ってくると、店員さんが、自分もこれ読んだんですよ、と語りかけてきて話が弾んだそうだ。

若い人ばかりではなく同年代の友人にも勧めたことがある。彼女は読み終わるとすぐさま、遠くに暮らす子どもたちにこの本を送ったという。私自身も中学生だった娘に贈り、感じたこと、そこから考えたことを語り合った。彼女は最初に読んだ時は、油を入れたスプーンを持って歩くたとえ話が印象的だったという。だが何度も読み返す度に、少年とクリスタル商人の生き方の対比の部分や錬金術師（アルケミスト）と少年とのやり取りなど、その時その時に心に残る場面が違ってきたのだそうだ。これはサン＝テグジュペリの『星の王子さま』を読んでいて、私がいつも体験することと同じで、優れた作品が常にそうであるように、再読・再々読に耐える物語なのである。そして大切な人に教えたくなる本であり、読み終わるのを待って語り合いたくなる本でもあるのだ。

本と人には、これ、という巡り合うタイミングがあって、大きく私の人生を変えてしまった何冊か（マルセル・プルーストの『失われた時を求めて』はその最たるものだが）があるけれど、『アルケミスト』は私が紹介した人たちの人生を変え、贈り手としての私を誕生させることになった本、とでも言おうか。

＊　＊　＊　＊　＊　＊　＊　＊

二晩続けて同じ夢を見た羊飼いのサンチャゴは、半信半疑ながらもその夢の意味を探ろうとする。物語は一見、一人の少年が自分の「宝物」と「恋人」を探す、どこにでもある成長譚の様相を呈している。しかし読者が読み進むにつれ、これはただの冒険話ではなく、宇宙の成り立ちについて語られている壮大な物語であることが明らかにされていく。

サンチャゴは、彼の羊たちが食べ物と飲み物のことだけしか考えていないことに気づく。人間も同じかもしれないと彼は考え、僕だって同じだ、とひとりごと。

そんな彼の前に一人の老人が現れ、少年が自分の運命を発見したということがいちばん重要なのだ、という。人は、若い頃は夢を見ることも人生に起こってほしいことに憧れることも恐れないが、時がたつうちに自分の運命を実現することは不可能だと思い込まされてしまう、と。彼らは間違っていて、「この地上には一つの偉大な真実」があり、「おまえが誰であろうと、何をしていようと、お前が何かを本当にやりたいと思う時は、その望みは宇宙の魂から生まれたからなのだ」と語る。そして、それを「宇宙全体が協力して、それを実現するために助けてくれるのだよ」と。

そんな馬鹿な、と一般の読者は思うだろう。ちっぽけな自分の望みが宇宙の魂から生まれたって？その実現を宇宙全体が協力して助けてくれるのだって？　もちろんこれは、明日の遠足に雨が降らなければいいな、といった類の「望み」ではない。単に「お金持ちになりたい」、「素敵な恋人が欲しい」とも違う。

人はあまりに日々を忙しく過ごしているので、自分自身の心が語るのに耳を傾けることを忘れてしまう。だが心と対話をしながら考えを深めていくにつれ、サンチャゴのように「世界中のすべてのものが僕にとって何らかの意味を持ち始め」るのを自覚する。それはスタートに過ぎないが、あなたの人生における大きな一歩になる。自分の「運命」を勇気を以て探しに出かける人たちの一人になれるか。人生の持つ意味の理解に到達できるのか。

自分の人生に迷わない人などいない。だが、望みを全宇宙が後押ししてくれているとほんの少しでも信じられたなら、どんなに心安らかに生きていけることだろう。自分ではたどり着けない、またはたどり着くのが困難なところまで連れて行ってくれる、それが本を読むことの醍醐味である。

サンチャゴはアルケミストに出会えたが、全ての若者が本物の魔術師に出会う機会を持つことができるわけではない。それでも、自身も放浪の旅を経験した作者パウロ・コエーリョがこの世に送り出してくれたこの本によって、誰もが本棚に手を伸ばしさえすれば『アルケミスト』に会うことができる。2行以上の長い文はほとんど出てこない。少年を自分に置き換えて、200ページに満たないこの本の世界を旅してみるのはどうだろうか。

物語の中にはもうひとつ、とても大切なメッセージがある。簡単に言えば、夢の実現に向かっている時に道すじに置かれたサインや前兆を見落としてはならない、というものである。だがこれについてはぜひ、自分で読んで確かめてほしい。書かれていることは、あなたの予想とは少し違っているかもしれないから。しかし、そう、これこそが前兆かもしれない。この文章を書きながら、前兆を求めている誰かの目に留まることを願っている。そして確信してもいる。

（しが・ひろみ、元県立高校教員・スペイン文化研究家）

不可思議な世界からの呼び声

川口　一史

⑧

『カフカ短篇集』

――フランツ・カフカ著
池内　紀編訳

（岩波文庫）

あなたにおすすめする一冊は、フランツ・カフカという人が書いた『カフカ短篇集』という本です。カフカは昨年に没後百年を迎えました。少し前にこのフランツ・カフカという作家の作品による舞台を演出しました。それで、何年か前からカフカの小説や研究書をいろいろ読んできました。今回はそのなかの一冊をご紹介したいと思います。

まずこの作家、フランツ・カフカにどこまでもつきまとうのは「不可思議」ということです。作家の生い立ち、生活、考え方、作品とその評価。そのどの部分を取り上げてみても、この「不可思議」が顔を覗かせます。

彼は現在のチェコのユダヤ人家庭に生まれ、チェコ語を話し、ドイツ語で作品を書きました。世界的に著名な作家、という以上に、カフカ以前、カフカ以後と言われるように、後世の文学者たちに多大な影響を与えた作家です。カフカに関する研究書を集めれば一軒の図書館ができるとも、カフカ作品解釈は世界中のカフカ研究者の数だけある、ともいわれています。その反面で、カフカの膨大な作品は、じつはもしかするとこの世に存在しなかったかもしれず、またカフカという作家自体の存在も同じ運命であったかもしれないのです。つまり、彼が生前に発表した作品は、百ページにとうてい満たない薄っぺらな七冊の小冊子であり、その何百倍もの未発表の原稿を、彼は自分の死後にすべて焼き捨てるよう遺言し世を去りました。そして、カフカに与えられた世界的な評価は、その焼き捨てられていたであろう（遺言は守られなかった）膨大な原稿によるものなのです。

彼は自らを真の文学者と呼んでいましたが、現実には国営の保険公社に勤める役人で、午後早々に帰宅すると、散歩をし、簡易な食事を済ませ、仮眠を取り、そして深夜から明け方にかけて、作品を執筆しました。しかしそのなかで完成に至った小説はほんの一握り、そうした毎日が彼の生活のすべてでした。

それではこの『カフカ短篇集』の内容の一部をご紹介します。

この本には二十篇の作品が並んでいます。二、三の作品を除いて、じつに短い作品ばかりです。最も短いものは本の一頁に収まっていて、他は三、四頁ぐらいのものが続きます。

多くが断片的に書かれています。それは、カフカ作品の特徴でもあり、その理由は、彼が結末を考えずに物語を書き進めていたことにあります。その多くが話の着地点を見いだせず、唐突に終了するという次第なのです。しかし見方を少し変えれば、一つの物語に一つの答えが用意されているのとは違い、唐突に終了させられたその先の情景を読者は自由に想像でき、あるいは読み手の解釈に従って、それぞれに違った作品のメッセージが与えられることになる、とも取れるわけです。何はともあれ、「不可思議」な小説とその読み方が顔を出します。

具体的に見てみますと、冒頭に「掟の門」という作品があります。物語の構造はいたって単純で、ある男が田舎から「掟」を知るため「掟の門」をくぐろうとやって来ます。しかしそこには屈強な門番が立ちはだかり、門番は男に、今は門を通ってはならぬと伝えます。それでも男はなんとしても門を通りたがり、あらゆる手段を使って門番を説き伏せようとしますが、それも叶わず、長い歳月が経ち、やがてその門の前で男の寿命が尽きるときが来ます。そのとき男は門番に訊ねるのです。「なぜ、これまで誰一人としてこの門を訪れる者がいなかったのだ」と。すると門番は答えます。「ほかの誰一人ここへは入れない。この門は、おまえ一人のためのものだった。」そこで小説は終わります。

なにを言ってるのか！　という声が聞こえそうです。これは屁理屈ではないか、とも。しかしよく考えると、これは「屁理屈」ではなく、「不理屈」ではないかと思うのです。

理屈の通らないものを無理やり理屈づけているのではなく、そもそも理屈は真理ではない、という理屈、つまり「不理屈」です。もっと慎重に見てみると、門番はこう言っています。「そんなに入りたいのならおれにかまわず入るといい。」門番の「掟」は門の前に立ち、人を入れないということです。しかし「おれにかまわず入ればいい」と告げますが、男は門番の「掟」に従い、あくまでも門番の許しを求め続けるのです。門番は「掟」に従い、男は門番の「掟」を守る。そのために男は門をくぐれず、最後まで「掟」を得ることができません。それぞれが確固たる「理屈」を持ちながら、個々の「理屈」が衝突して大きな「理屈」が失われてしまっている。あるいは、こうも考えられます。そもそも男は「掟」に縛られ「掟」を守るからこそ、「掟」の門をくぐれなかった、ならば男は「掟」を守る人でなければよかった、しかしそうなると男が「掟」の門を訪ねることはない。「理屈」を並べれば並べるほど、「不理屈」な世界が生まれます。そしてそれはじつに「不可思議」な世界だと思います。

もうひとつ作品を紹介します。「父の気がかり」という三頁に満たない短い小説です。

語り手は男であって、タイトルに「父の」とあるので、その家の主人であると推測されますが確かではありません。その男は、家にある、なんの用途に使われるのかわからない、「オドラデク」と名前のある木製の物体について語るのです。その物体は「ちょっと見ると平べったい星形の糸巻きのようなやつ」で「ただの糸巻きではなく、星状の真ん中から小さな棒がつきだして」いて、「これと直角に棒が一本ついていて、オドラデクはこの棒と星形のとんがりの一つを二本足にしてつっ立って」いる。ただ厄介なことは、「オドラデク」は男と会話をするのです。

「なんて名前かね」「オドラデク」「どこに住んでるの」「わからない」。

「そう言うと、オドラデクは笑う。肺のない人のような声で笑う。落ち葉がかさこそ鳴るような笑い声だ」

このあと男は思案に耽り、そして悩みます。

「あやつは、はたして死ぬことができるのだろうか？　死ぬものはみな、生きている間に目的を持ち、だからこそあくせくして、命をすり減らす。オドラデクはそうではない。（中略）しかし、自分が死んだあともあいつが生きていると思うと、胸を締めつけられる心地がする」

この作品の解釈はじつにさまざまですが、ひとつだけはっきりしていることがあります。それは「常識」と「非・常識」の境界が突如として消滅する点です。木製の、存在する目的すらわからない物体が意志を持ち、しゃべり、生きていることです。しかし彼はあくまでも物体であり、その一線において脆くも「常識」と「非・常識」の境界は消滅していま す。境界が消滅することにより、男（父）は生きること、人生の意味をあらためて突きつけられます。カフカ作品の特徴に、この「常識」と「非・常識」の境界の消滅をあげないわけにはいきません。境界が消滅して決壊したダムから「非・常識」の濁流が押し寄せ、日常世界が一気に変容（メタモルフォーゼ）してしまう、この物語のありようが、彼の作品の本質でもあるのです。

ではなぜ、この境界は消滅するのか？　それは彼、カフカの独特の「視点」とその「思考」にあると考えられます。例えば、朝のカフェの店内の情景を「一人の女性がコーヒーを飲んでいる」と認識したとします。しかし、カフカの「視点」と「思考」では、その情景が、「一つのコーヒーカップがある女性によって飲まれている」と捉えられ、この瞬間から、日常の世界は別々の方角への分岐を開始します。一方の日常は、女性は朝の会社の会議に出席し、もう一方の日常においては、コーヒーカップが「明日娘の結婚式を控えた毛むくじゃらの太い腕の男によって洗われる」のです。この場合はどちらが常識とは言い難いですが、概ね女性の向かう世界の支持が多いかと思います。カフカの「視点」と「思考」はこのように、同じ常識世界の中における密やかな、そして極めてデリケートな部分へ向けられ、それらを追い詰めて、次から次へと「常識」から「非・常識」へ向かっての逸脱を繰り返します。そして、そのすっかり逸脱した「非・常識」はやがては「常識」との境を決壊させて、変容してしまった「日常」の姿を私たちの前へ提示するのです。多くの研究者たちは、そのことを、カフカの類まれなる観察力からの飛躍として着目しています。

短篇集には、カフカ的「視点」と「思考」から捉えられて変容（メタモルフォーゼ）した世界が連なっています。そのことを念頭におき、この本をぜひ手にしてみてください。

みなさんが何を感じ、どう考え、いかなるイメージを持つのか、答えはないのです。あたかも「不可思議」なＶＲ（仮想空間）をさまようように、カフカワールドのラビリンスをさまよってみてはどうでしょう。

最後に、この短篇を編訳した、カフカ研究においてひじょうに優れたドイツ文学者である池内紀氏の巻末の秀逸な解説をご紹介します。これは、カフカを知る上で、短いながらも、とてもわかりやすくまとめられた、必読すべきものですので、ぜひお読みいただければと思います。

池内紀氏のカフカとその作品に向けられた言葉の一部を抜粋します。

「それはひとことで言えば、とびきりの『おはなし』を贈ってくれた作者である。大人のためのメルヘンであり、その種のおはなしがいつもそうであるように、少なからず風変わりで、残酷で、謎にみちている。」

「（カフカを解明することは）謎を解いて、あとに新しい謎を残しただけのようにみえる。カフカはいぜんとして、見る位置によって形の変わる不思議なだまし絵とそっくりである。」

カフカは今後もさらに、さまざまに読まれ、さまざまに解釈されていくでしょう。それは一方では、カフカ小説の難解さがその理由でもあるでしょうが、同時に、そこにこそ、いくら汲み上げても枯れることのないカフカ文学のゆたかさと深さ、魅惑があるのだろうと思います。

（かわぐち・かずし、演出家）

「ものまね鳥《モッキンバード》」に「人種差別」の寓話をみた！

赤松　正雄

⑨

『アラバマ物語』

──ハーパー・リー著
菊池重三郎訳

（暮しの手帖社）

◆映画を観て感動して小説を読む

アメリカにおける理不尽な黒人差別の実態を幼い女の子の視点から描いた小説。同名の映画がもたらした感動とも相まって爆発的な人気を博した。だが、発刊から60有余年が経った現在から振り返ると、変わらざる現実に嘆息を禁じ得ない。とともに今に生きる日本人として読み直すと、アメリカ社会とは真逆に、寓話風の受け止め方も可能に思われてくる。

この小説を書いた作家はハーパー・リー。アメリカ人女性で、主な作品はこれ一作しかない。映画は、グレゴリー・ペックがアカデミー賞主演男優賞をとった。映像の持つ力は深い印象を刻み、人の心を揺さぶって「百聞は一見にしかず」を裏付ける。一方、登場人物の心理や感情の動きを表現する小説は「眼光紙背に徹す」との言葉をリアルに感じさせる。先に観た映画で全体像を掴んだ私は、小説を読んで細部を補った。その結果、まるでアメリカ社会の表と裏、光と影を2つながらに理解したかのような錯覚に陥っている。

この小説では人種差別の悲惨さ、無意味さだけでなく、障がい者への眼差しの矯正の必要性をも促す。とともに、家庭での父親の持つ人間への優しさと社会正義に対する勇気を培うことの大事さを印象付ける。１９３０年代の米国南部の古い架空の町メイコーム（著者リーの故郷・モンローヴィルがモデル）を舞台にしたこの物語は、ピューリッツアー賞を獲得し、数百万部の大ベストセラーになった。それだけ読む者の心を揺さぶって感動させたにも関わらず、現実はさして変わらず人種差別の現状は当時のままであると言って差し支えない。それはなぜか。問題の本質の根深さとあいまって、原題にあるモッキンバード（マネシツグミ＝ものまねどり）という鳥の特性に由来するかのように私には思われる。

◆米南部の古い町での日常生活描く、

To kill a mockingbird モッキンバード（マネシツグミ＝ものまねどり）を殺すってこと――という原題を邦題にするのに、関係者は悩んだ末に地域名に因み『アラバマ物語』としたのだろう。マネシツグミは日本では殆ど馴染みがない。アメリカ大陸に棲息し、色々な鳥の鳴き声から猫の鳴き声まで真似るというモノマネ上手な鳥だそうな。日本語でいうマネシツグミは、方言にいう〝まねしー〟を連想させ、主体性なくなんでも人の真似をする存在と結びつく。一方、英語のモッキングバードの発音のモッキンは木琴の美しい音を思わせ、まるで米日で駄洒落の連想ゲームを競い合っているようで面白い。

タイトル談義はさておき、物語のあらすじを追ってみたい。この作品の主人公ジーン・ルイーズ・フィンチ（通称スカウト）は、小学校に上がる前の6歳。幼き日のリー（出版時38歳）であり、この本の語り手でもある。家族構成は父で弁護士のアティカス・フィンチと4つ歳上の兄ジェムの3人。母親はスカウトが2つの時に亡くなっている。このため黒人女性で通いのハウスメイド、カルバーニアが食事作りから躾けまで、母親代わりを務める。そこへ、夏休みになると、遠くから近所の親戚の家にやってくるディィル（スカウトと同い年）が加わって、3人の子どもたちはいつも一緒に遊び回っている。

庭にある高い木の上に作られた小屋に登ったり、大きなタイヤの内側に入って転がる《グルグルまわり》が楽しい。子どもたちの日常を横軸に、父親のアティカスの仕事を縦軸にこの物語は展開していく。子どもたちの最大の関心事は、近所の正体不明のブー・ラッドリーという青年の存在。なんらかの心体疾患のために、親が子をいわゆる〝引きこもり〟と〝閉じ込め〟の相乗状態にさせているものと、大人たちには見られている。事情の分からない子どもたちは、その家をあたかも怪物か幽霊が住む屋敷のように扱っていく。物語の不気味な背景を構成していくのだが、最後で彼は重要な役割を果たすことになる。

◆理不尽極まる黒人差別と裁判

一方、父親アティカスは、若い白人女性をレイプしたと濡れ衣を着せられた黒人男性トム・ロビンソンの弁護を引き受ける。裁判では原告の女性の父親ユーイルに強制させられた狂言（現実は父親の娘への虐待）ということが、アティカス弁護士の見事な弁舌で明白になる。しかし、黒人をまともな人間として認めない米南部の風土が決定的に色濃く、全て白人で構成された陪審員たちは、「有罪」の結論を出す。

裁判の一部始終をスカウトたちは2階の黒人席で見ていた。その理不尽過ぎる展開に深い疑問を抱く。絶望したロビンソンは収監先から逃げようとし、撃たれて生命を落とす。

しかも、弁護士の公判での厳しい追及を逆恨みしたユーイルは、なんとその子ども2人を襲う。謎めく暴行場面は息を呑むばかり。苦境に陥った兄妹を劇的に救ったのがブー青年であり、逆に非道ならず者のユーイルは死ぬ。といった流れで物語は決着する。

小説の前半部で描かれる小学校一年生のクラス風景は、夏目漱石の『坊ちゃん』のアラバマ版かと期待させたが、いささか違った。21歳の新米女教諭キャロリンが最初の授業で、シラミの登場に慌てふためく。這い出したシラミだらけの髪の毛の主は、粗悪で乱暴な男の子バリス。シラミ騒ぎの混乱の果てに「席に着きなさい」と、キャロリン先生から言われるとバリスは「席に着けっていうのか、おばさん」と凄む。それをチャックという子が「先生、行かせてやりなさい。こいつは手に負えねえんです。何をしでかすか分からない」とたしなめる。とともに、バリスには「俺がお前の方に向きなおったときは、殺されるときだぞ。さっさと帰っちまいな」と脅かす。こわもての仲間の命令には従いながらも「俺がどこへ行こうと俺の勝手だあな！　おばさん、覚えときなよ」と捨てゼリフ。泣く先生を「もうくよくよしないで。お話を聞かせて」と、取り囲んだ生徒たちが励ますという具合だ。実はバリスはユーイルの子ども。いかに劣悪な生活環境にこの一家があるかが浮き彫りになって、後々の展開の伏線になっている。

私が読んだ「暮らしの手帖社」版は、表紙のスカウトの写真を始め、文中8頁にわたりポイントになる映画のシーンが折り込まれ、楽しませてくれる。小説と映画が一体だ。ただし、当然のことながら映画は短く、誇張されている。一方小説では、黒人専用の教会の様子や牧師など黒人社会の細部にまで詳しく触れている。また、小説にはアティカスの姉、つまりスカウトにとっての伯母が、家に住み込みに来てレディ教育を担うが、映画では削除されている。更に重要な違いは、小説ではユーイルを誰が殺したのか、どういう経緯だったのかが曖昧なまま終わっている。一方、映画はサスペンスよろしく暴行場面を直接的には表現せず、観客の想像力を掻き立てる。見終えてブー青年が手を下したことが分かる仕掛けだ。保安官が自分はその罪は問わないと口にして去りゆく。アティカスが、ブーに「子どもたちが世話になった」と礼をいい握手を求める。このラストシーンが胸を打つ。

◆ものまねどりを殺すことの意味をめぐって

ところで、この小説にはモッキングバード（ものまねどり）を殺すのは罪だと語られるところが数カ所出てくる。最も説明的なものは第10章にあり、アティカスが銃の扱いについて教え諭す場面に登場する。「(小鳥を狙えるなら）好きなだけアオカケスをうつさ。だけど、覚えておくんだよ。モッキングバードを殺すのは罪だということを、ね」——父の口から何かをするのは罪だなどと、言われるのは初めてだったジェムは、近所に住むモーディおばさんにその意味を訊く。彼女は「お父さんのいう通りよ」と述べた後、「モッキングバードってのはね、わたしたちを楽しませようと、音楽を聞かせてくれるほかには、なんにもしない。野菜畑を荒らすこともしなければ、とうもろこしの納屋に巣をかけるわけでもない。ただもうセイかぎりコンかぎり歌ってくれるだけの鳥だからね。——モッキングバードを殺すのが罪だっていうのはそこなのよ」とある。明らかにここで、黒人男性トム・ロビンソンや引きこもり青年ブー・ブラッドリーをモッキングバードに例えていることが分かる。

「心なくうち殺されたものまね鳥」との表現が登場するにつけ、*To kill a mockingbird* という原題に使われたフレーズがこの小説の基底部を形成しているように読める。社会に悪影響をもたらさない鳥を痛めつけ、いたいけな弱い存在の鳥を殺すってことがいかにいけないことかを訴えている小説だっていうことなのだろう。

しかし、私は最初に映画を観た際に、実は違う受け取り方をしてしまった。それは単に弱いもの、害をなさない鳥を殺しちゃあいけないといってるんではなくて、罪なき黒人を貶めることに単純に迎合したり、ただ引きこもっているだけの青年を噂だけで恐れたり、馬鹿にしてはいけないことを訴えている、と。そういうものまねをして広げていく鳥は殺すのだと捉えてしまった。つまり、マネシツグミという鳥を優しい声で歌う鳥というのではなく、主体性なくものまねをして伝播する役割を持つだけの鳥だと見てしまったのだ。

小説を読み終えた結果、私の捉え方は作者ハーパー・リーの意図を逸脱してしまった解釈だということは認めざるを得ない。しかし、あながちそれだけでもない気もする。私の着眼はモッキングバード＝ものまねどりという鳥の特性に端を発している。ことの本義を弁えず、ただモノマネすることの非を鳥の名前から連想したわけだが、怪我の功名というべきか、大自然の恩寵と呼ぶべきか。意外に的を外していないのではないかと思われる。

この本の中で、父アティカスは繰り返し、子どもたちに、相手の立場に立つことが人間として大事なことだと強調している。単に弱いものを慈しみ、情けをかけることだけが人を突き動かすのではなく、相手の立場になって考えることが重要だというメッセージだ。その考え方に立って、人種差別や障がい者差別といった間違った考え方を広げてしまう、悪事に手を貸すことはいけない――ものまねは結果的に悪事を広げる、という風に教訓が込められていると理解することもできる。優しい声で鳴く無害の鳥が同時にものまねという行為で悪しきことも拡散するといった両義性を持つ。そういう存在を殺すことに、寓話的意味あいをこの本から学べる――そう捉えれば、人種差別の風景も変わったのではないかと思われてくる。

◆「変化はいつか起こる」のか？

NHKTVの人気番組『映像の世紀　バタフライエフェクト』で先に放映された「奇妙

な果実――怒りと悲しみのバトン」を観た人はショックを受けたに違いない。この番組は「♫南部の木には奇妙な果実が実る　血が葉を染め　根元に滴り落ちる」との「奇妙な果実」（木につるされた黒人の死体）を歌うジャズシンガーのビリー・ホリデイの歌声で始まった。アメリカの『タイム』紙は1939年に発表されたこの歌を20世紀最高の歌とまで評価した。20世紀後半にかけて広範囲に広がった公民権運動を経て、「変化はいつか起こる（A change is gonna come）」と、サム・クックが歌ったように、21世紀になってアメリカ史上初の黒人大統領（バラク・オバマ）が誕生した。しかし、それにも関わらず、アメリカ社会の変化は未だ起こっていないし、ゴールは未だ遠いとの嘆きで終わっていた。

行き詰まったかに見える黒人差別撤廃の動きを立ち直させるには、何が必要だろうか。他人のために心を寄せ合う優しさと勇気が欠けていないか。それには人間の生命の平等を真に解き明かした思想哲学をあまねく地球上に根付かせるしかないように思われる。ウクライナ戦争、中東でのイスラエルとパレスチナのハマスのいつ終わるかとも分からない憎悪と復讐の連鎖を見るにつけても、その感は強く深い。

この小説に描かれた好奇心の塊のような少女、スカウトの映画での仕草がたまらなくいとおしい。この子のその後が気になって仕方ない。そして小説の著者ハーパー・リーがその後どうなったのかも知りたくなる。映画を観た後、小説を読んだ後に、このようにまで思わせるぐらいに不思議な力を持った小説と映画に私は魅せられてしまった。

（あかまつ・まさお、元衆議院議員・批評家）

「あきらめない」という希望の光

山本　薫

⑩『かもめのジョナサン【完成版】』

――リチャード・バック著
五木寛之訳

（新潮社）

この一冊との出会い

『かもめのジョナサン』が日本で出版された頃、私は体調を崩し、学校に行くことも、外に出ることもままならない状態だった。本を読むのが好きだった私に、「最近この本、人気あるんだって」といって出張帰りのお土産として、父が紺色の背景に白いカモメが飛んでいる表紙の本を渡してくれた。私は一晩で全部を読み終えた。

「朝だ。」というひと言から、この本ははじまる。その一言だけで、当時、暗闇色に染まっていた自分の心が、朝の光色、希望色の風で満たされた。この、心に届いた「希望の風」のおかげで今の自分があると言えるかもしれない。それから何十年も経った今、読み返そうと開いたこの始めのページの1行目の「朝だ」も、スーッという音が聞こえた気がするほど、瞬時に、希望の光色のあたたかい風を私の心に届けてくれた。この本は私が中学3年生の時に読んだ一冊である。

こんな前書きの後では、一体どんな本なのかと期待させてしまうかもしれないが、この本のタイトルは『かもめのジョナサン』。作者はリチャード・バック。アメリカで1970年に出版された。当初、アメリカで「平和と愛」を掲げ、自由思想のムーブメントで知られるヒッピーと呼ばれていた人たちの間で広まったという。そして、一人ひとりと口コミでだんだんと評判になり、1972年の中ごろくらいから爆発的なベストセラーになった。日本でも1974年に五木寛之訳で、新潮社から出版されベストセラーになった。

本書には「本をあまり読まなくなってしまった人たちに向けてのメッセージを」書くようにとの依頼だったが、本を読まなくなった人たちがこの本を読んでくれているのかは別として、「本」が自分の学びを深めたり、自分の視野を広げたり、自分のことを励ましてくれたり、他の人たちへの共感力を高めてくれたり、その時の自分に寄り添い支えてくれる存在になったりするということを伝えたいと思う。

本書の筋書き

かもめのジョナサンは、「ほとんどのカモメは、飛ぶという行為をしごく簡単に考えていて、それ以上のことをあえて学ぼうなどとは思わない」（P・4）が、「人生には、食うことや、争うことや、権力を奪い合ったりすることなどより、はるかに大事なこと」があると言い、一途に「飛ぶ」練習をする。そして、ジョナサンは飛ぶことの意義、生きることの意味を追う究極の幸せを仲間にも分とうとするのだが、カモメ社会の規範に背いた反逆者として追放されてしまう。ジョナサンは深く絶望を感じるのだが、「飛ぶこと」を追い求め、一人（一羽）になっても、より完璧に飛ぶことを目指して修練を続ける。そして思いを同じくする仲間に会い、彼らと一緒に修練を重ねた結果、ジョナサンは速く、高く、自由自在に空を飛べるようになる。さらなる高みを目指して出会った師匠に、飛ぶことをさらに極めたいのであれば愛することを学ばねばならないと言われたジョナサンは自分を追放したカモメや今もなお敵対し自分を殺そうとまでしているカモメたちを愛し、許す。そして、若い、自分に似て「飛ぶこと」を学ぼうとしているカモメたちを助けるために地上に戻り、飛ぶことの意義、愛することの意味を伝えていく。

本書の活かしどころ
夢を追う生き方を選ぼうとしている人たちへの応援として

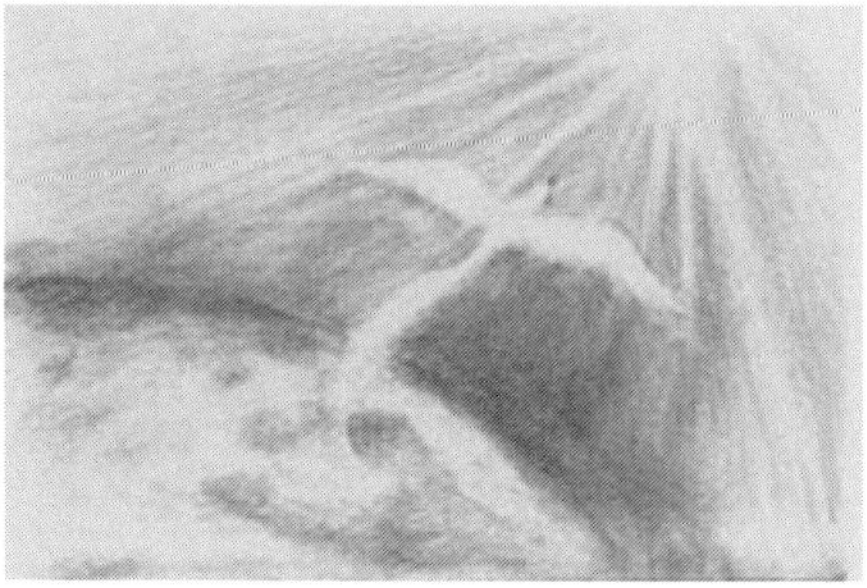
絵：鳥居由紀

「生きる」とは？　若い頃、私もいろいろ「ものおもう」ことが多かった。空を見ることが好きだった。そして、自由に空を飛ぶ鳥に憧れていた。そんなことを人に話したら、地に足がついていない変人かと思われてしまうかもしれないので、本当に仲のいい友達にしか私が鳥に憧れていることを伝えていない。ただ、私は授業中もいつも窓際に座って空ばかり眺めていたので、高校で大好きだった先生がそっとそばにいらして「いいか、バカと煙は上が好きっていうんだぞ」と優しく耳打ちされたこともあった。でも、空をみて、自由に飛ぶ鳥に憧れるのは私だけではなく、本当はすべての人のどこかにその想いはあるのではないだろうか。『かもめのジョナサン』の献辞には「われらすべての心に棲むかもめのジョナサンに」と書かれている。きっと誰の心にもジョナサンはいるのだといっているのだと思う。この本を久しぶりに開くと、自分で色紙を切り抜いたであろうカモメの形をした栞が何枚も挟まれていた。そして文中にそっと色鉛筆で印してあるところがある。印の付いていたところを少し引いてみる。

彼らの一羽一羽にとって、生活の中で最も重要なことは、自分が一番やってみたいことを追及し、その完成の域に達することだ。そしてそれは空を飛ぶことだった。(P・47)

この世には完全無欠といえるような至福の状態が存在するのだ――わたしたちはここで学んでいることを通じて、次の新しい世界を選びとるのだ。(P・49)

…きみは本当に飛びたいのか? **はい、飛びたいです。**(P・49)

なんど失敗しても、飛ぶことを追及していくジョナサンの姿はすてきだった。一生懸命自分の夢を追う姿勢もすてきだった。「自分がやってみたいこと」を追求し、自分ができる最大の努力をして更なる高みを目指すことがなによりのしあわせなのだという実感がわたしにもあった。たとえば、私は、オリンピックにでるというようなレベルとは程遠かったが、小・中・高と水泳部で、より速く、より美しく泳げるようになる努力をすることに快感を感じていた。特に大好きだったのは「ダッシュ」といって、25メートルを思い切り泳ぐ練習メニューだった。飛び込んで、ペースとかをなにも考えずに全速力で泳ぐのだが、25メートルプールなので苦しくなる前に向こう岸（ゴール）に着く。すべての瞬間にベストを尽くすという感覚になによりの陶酔感、高揚感を感じていた。普通に生活をするときは、マラソンのようにちゃんとペースを考えて歩むべきだろうが、全てにベストを尽くそうとしてエネルギーを使い果たし、いまだに体調を崩し寝込むことがあるのは、この高揚感に溺れた後遺症なのかもしれない。実際、『かもめのジョナサン』を読んだ頃は、医師に止められていたのに泳ぎ続けた結果、泳ぐことも、学校に行くこともできない状態になっていた時だった。今まで出来ていたことが出来なくなるということはだれにとっても辛いものだ。私も自分をどうしていいのかわからないほど無力感を感じていたのだと思う。そんな時だったからか、どんなに大変なことがあったとしても、あきらめずに続けていればいつか「飛ぶこと」を極め、まわりの人たちを助けることができるような存在になれたジョナサンのおはなしが、私の生きる希望となった。

心の拠りどころとして

実際、カモメのジョナサンの経験とは異なるのだが、父から『かもめのジョナサン』をプレゼントされた頃、体調だけではなく、人間関係においてもいろいろあり、私は失望とショックで心が折れそうになっていた。大人になってからのほうが、もっと辛いことだってあったのだが、その時のことだけは思い出すと今も胸が痛く、涙が出る。

私は和光学園という私立の小学校と中学校を卒業している。和光小学校では男女平等を含め、全ての人が平等であり、差別なく、全ての人に敬意を持って接するということが何よりも大切だと教えられた。今、SDGsで掲げられている「誰一人取り残さない」精神だ。また、学ぶということは自分で発見していくことだという教育方針のもと、質問や意見があれば、授業中に皆で話し合うことが当たり前とされ、授業では、みんなが競って手を上げていた。民主主義の理想を掲げ、全ての人に敬意を持ち、話し合いさえすれば争いはなくなり、皆が幸せに生きられるようになるという理想が、「理想」ではなく「事実」なのだと思うほど、私は「和光っ子」であった。周りからどう思われていたかは分からないが、全ての人に敬意を持って接することは、私の大切な心の目標でもあり、だれも仲間外れにしないようにしようと日々心がけていた。しかし、中学3年生の時、それを疑われる事件のようなものが起きてしまったのである。

毎日元気に、楽しく学校に行っていた私に喘息の発作が起きるようになり、学校に行けなくなってしまうことが多くなっていたときだ。喘息もいろいろな症状があるらしいが、その頃の私の場合、午後3時頃からひどく咳き込むようになり、食べ物もあまりとれないままベッドに横になっていると、だんだん窓の外が暗くなり、そして白っぽい光とともに鳥の声が聞こえてくる。つまり、咳で一睡もできない日々を重ねていた。朝方少し寝ることができた日、咳こんでいない時は、遅刻してでも学校に行こうとしたが、担当医の先生には咳で体力も使い果たし、寝ていないのだから、発作がおきていなくても学校は欠席したほうがいいと言われていた。しかし、大好きな学校で学びたい、友達に会いたい、そして学級委員のようなものもしていたので、責任を果たしたいと、極力学校に行こうと努力していた。家から徒歩約10分の小田急線の駅までは辿り着いても、体調が悪くなり、結局、駅員さんたちの仮眠室みたいなところで父か母が迎えに来るのを待つということも多々あった。

学校にたどり着いた日は、みんなに心配をかけないようにと一生懸命に明るく振る舞った。そして自分の「責任」も一生懸命に果たそうと必死に頑張っていた。久しぶりに学校にたどり着いたある日、授業中にある先生が私を指して、「あれ、なんて名前だったけ?」と聞いた。そして、「あ、そうそう○○さんだ」と言った。私の名前ではなかった。その時、「学校に来られずにいると、先生にまで忘れられてしまうのか」と、それが切なく、知らないうちに涙が込み上げてきてしまった。それだけでも胸が痛かったのだが、その日の「帰りの会」という生徒の集まりで「意見箱」に入っていたと、無記名のクラスメートからの意見書を司会当番の生徒が読みあげた。「○○さんに間違われて泣くなんて、それは差別行為にほかならない、けしからん」という内容だった。当時○○さんは今の言葉で言うといじめられっ子的な生徒だったため、差別問題が起きているという認識が生徒間にあり、その彼女に間違われたことが嫌で泣いたのだと思われたのだ。私は、すぐその場で、泣いた理由は○○さんに間違われたからではないと反論すべきだった。だがあまりのショックに声が出なかった。仲がいいと思っていた友達も誰も、「薫は差別をするような子ではない」と言ってくれなかったこと、誰一人として何故泣いたかの理由を確かめようとしてくれなかったこと、そしてなにより「差別をせず、皆に敬意を持って接する」というモットーを心から信じて毎日努力し、そしてその努力をクラスのみんなは分かってくれていると信じていたのに、そうではなかったというショックだ。

私が自分の涙の理由を説明できなかったが故に、○○さんは自分が差別待遇を受けたのだと辛い思いをしたのだとしたらと思うと、それも悲しかった。ただ、思い出すだけで涙が出てしまう状態が続き、結局一度も彼女に説明し、謝ることができなかった。今でもその時の自分の無力さが申し訳なく、胸は変わらず痛む。とにかく、その日の「帰りの会」は、私が静かに涙していたせいか、いつものようににぎやかな討論はなかったが、追い打ちをかけるようなことが起こった。担任の先生がいらして、「生活態度が悪く、無責任な生徒がいる」として何人かの生徒の名前をあげたとき、私の名前が入っていた。先生だけは私が頑張って学校に来ようとしていること、どんなに体調が悪くとも責任を果たそうとしていることを分かってくれていると信じていたため、衝撃のあまり息もできず、私はしばらくの間、学校に全く行けなくなってしまった。

そんな時に『かもめのジョナサン』が現れた。カモメのジョナサンは、修練の結果自分が得たものを他のカモメたちの役にも立つだろうと、「おれのこの『限界突破』のことを聞いたらきっと大騒ぎして喜ぶぞ。いまやどれほど豊かな意義が生活に与えられたことか?…生きる目的が生まれたのだ! われわれは無知から抜け出して自己を向上させることもできるし…我々は自由になれる! いかに飛ぶかを学ぶことができる!」と喜び、「彼の心に浮かぶ未来の日々は、希望に溢れて明るく輝いていた」(P・21)。それにも関わらず、そうしたジョナサンの喜びは他のカモメたちに分かってもらえず、逆にジョナサンが不名誉で、無責任な行動をとったとして、追放されてしまう。しかし、ジョナサンは、追放された後も、「飛ぶこと」を諦めなかった。一時孤独な日々を過ごしたのだが、新たな仲間に出会い、自分の道を追い続け、自由自在に飛ぶ術と幸せを得、どんなカモメをも愛し、助けようとするカモメとして尊敬されるようになる。

この本は、「私もあきらめず頑張っていけばきっと大丈夫」と思える希望の光を届けてくれる心の拠り所ともなった。今では、本棚に飾ってあるこの本をふと見るだけで、読まずとも励まされている。そこに在るだけで役に立つようになる本もあるのだ。

希望の光をみいだすきっかけとして

今、私は「異文化コミュニケーション」という、比較的新しい学際分野の研究をし、大学や企業で実践科目を担当している。「異文化コミュニケーション」学は、異なるものを排除するのではなく、互いの「差」を活かすことで、共存共栄の社会を実現することが目的で、相手を判断する前に、相手の意図を理解するための傾聴法や、ダブルウィンの協働をめざす交渉法を含む、実践法を重視している。異なる文化背景の人たちが誤解による不必要な争いを避ける方法、また起きてしまった紛争を解決する方法も探求する。この仕事は、私の中学の時の苦い思いから得た教訓によって私を活かしてくれているのかもしれない。今もまだまだ微力ではあり、達成できたことも多くはないが、今まであきらめずに、「誰一人取り残さない」社会を築くための努力を続けてこられたことを幸運に思う。

「希望なんて」と思う人に伝えたい。あきらめないでいると不思議なことも起こる。私は高校も喘息で、出席率ギリギリで卒業した。和光を出て、都立高校に行ったのだが、言うこともすることも皆とちょっと違っていて、たまにしか学校に来ない、まるで宇宙人のような存在だったと思う。それでも、クラスメートの皆はいつも優しく、あたたかく接してくれた。２人の先生は「頑張っていることは分かっているから大丈夫だ」といつも励まして下さった。受験勉強をする時間も体力もなかったので、卒業後は英語専門学校に行くことを決めていたが、体験のためにと2校の大学入学試験を受けた。もちろん受からなかったのだが、専門学校卒業後、体調も良くなり、アメリカの大学に留学し、学士と修士をとって日本に帰ってきた時、一番初めにゲスト・スピーカーとして招かれたのは、奇しくもその2校だった。自分からは助けを求められない性格でうまくいかなかったこともたくさんあるが、ある先輩が「薫さんっていざとなると、よってたかって助けがくるわよねぇ」と言うほど、たくさんの方に助けて頂いてきた。でもその全ての助けは、『かもめのジョナサン』にあきらめずに努力するという希望の光をもらったからかもしれない。

きっと、私よりも辛い思いをしている方もたくさんいらっしゃると思う。でも皆さん一人ひとりが希望の光を届けてくれる本「この一冊」に、出会えることを心から願っている。

外国語学習を楽しみ活かす教材として

最後に、本の内容とは別に、本を読む時に楽しいこと、役立つかもしれないことをお伝えしたい。それは自分が学んでいる外国語の翻訳書または原本を比べて読んでみることだ。

次のページの写真は私の本棚から出してきた日本語訳の『カモメのジョナサン』、原本の *Jonathan Livingston Seagull* 、中国語訳の『天地一沙鷗』である。

自分の心を打った、好きな本はすでにメッセージがわかっていることもあり、「外国語」で読んでも理解しやすい。それと、なによりも、同じメッセージをどのように効果的に伝えるかの感性的なところを学ぶことは、外国語学習を生きたものにする。

文化によって、感性表現が異なることを学ぶのは楽しく、ワクワクするものである。例えば、「かすみ草」。日本でよくバラの花束等に添えられている小さな白い花の名前である。この花のことを英語ではBaby's Breath（赤ちゃんの吐息）といい、中国語では「満天星（満天の星）」という。

同じ花を見ても文化によってこんなに違うのかと相違点を強調する人もいる。しかし、表現は異なるとしても、この呼び名を考えた人たちがこの小さな白い花を愛でる気持ちはきっと同じくらい深いものであったろうと私には思え、「こころはひとつ」なのかもしれない、人のこころはつながり合えるのかもしれないと思うと、今は争いの絶えない世界であっても、いつか世界中の全ての人が共に花を愛でる日がくるのかもしれないという希望を感じ、しあわせなあたたかな気持ちになる。

また、明治・大正時代、英文学教授で作家の夏目漱石が、学生に〝I love you〟はどのように日本語に訳すべきかと問われた時に（事実ではないという論もあるらしいが）、「今日は月が綺麗ですねといえばいい」と言ったという逸話がある。きっとその頃の恋人たちは同じ月を見ながら、「愛してる」と言われてもピンと来ない、互いの深い愛情を感じ合うことができていたのかもしれない。

外国語は、ただ文法のテストや発音のテストで100点とればいいというものではない。どんなふうに表現したら、相手に自分の想いが伝わるのか、その時、その場で、相手にとってわかりやすい表現を使ってはじめて相手に自分の思いが伝わる。その術を学ぶこと、その言語を使う人たちと心を通わすことのできる共感力を身につけることこそが真の

コミュニケーション力だ。自分が好きな日本語の表現を英語や他の言語ではどのように伝えられるのかを本を通して学ぶこと、他者との相違点を発見するのも面白いし、共通点を見出すのも楽しい。語学は楽しく学んでこそ身につく。語学力を高めたいのであれば、皆さんもぜひ試してほしい。最後に例として、日本語、英語、中国語で書かれた『かもめのジョナサン』の「朝だ。」の部分をみなさんに送りたい。

日本語

朝だ。

しずかな海に、みずみずしい太陽の光が金色にきらめきわたった。（P・3）

英語

It was morning, and

the new sun sparkled gold across the ripples of a gentle sea.（P・13）

中国語

清晨

旭日在微波蕩漾的海面上灑下閃閃金光。（P・11）

コロナ禍、様々な災害、世界各地で起きている闘争、不合理なことも多々あり、生きていくのは大変だ。でも、闇に包まれ、希望の光が見えにくくなった時、自分の心を照らす本に出会えるよう、みなさんもいろいろな本を手にとってみて欲しい。

本章を読んでくださったみなさんが、空を自由に飛ぶかもめを思い浮かべ、いつか自分の中で「朝」を迎え、金色に輝く太陽の光、希望の光を感じられますように、そしてその光をより多くの人に伝えられますように。

（やまもと・かおる、桜美林大学院特任教授・異文化コミュニケーションコンサルタント・コーチ）

参考文献

リチャード・バック『かもめのジョナサン』五木寛之翻訳　新潮社　１９７４年
リチャード・バック『かもめのジョナサン［完成版］』五木寛之翻訳　新潮社　２０１４年
Richard Bach *Jonathan Livingston Seagull* Turnstone Press Ltd.　１９７０年
李査・巴哈『天地一沙鷗』林騰雲譯　雲林晨星出版社　１９９４年

現代小説へと生まれ変わった神話世界

木村　聡雄

⑪『顔を持つまで プシュケーの旅』

——C・S・ルイス 著
中村妙子 訳

(平凡社ライブラリー)

『顔を持つまで』は、イギリスの作家C・S・ルイスの小説である。ローマ神話の中の物語をもとにしながら、ルイスが独自の視点をもって新たな作品として完成させた。この作品は20世紀文学の隠れた名作のひとつと言えるものである。特に若い読者にとっては、ストーリー展開や現代小説としての語りの技法を味わうことができるだろう。さらにヨーロッパの古典にも触れることもでき、テーマの奥深さの観点からも興味の尽きない作品である。本論では、はじめに作者ルイスとはどのような文学者であったか紹介し、ルイス作品の中で最もよく知られる『ナルニア国年代記』にも触れておく。その後で本題である『顔を持つまで』の魅力へと話を進めて行きたい。

〈C・S・ルイスについて〉

C・S・ルイス（1898〜1963）はイギリスの作家・英文学者で、キリスト教に関する著作も多い。生まれは北アイルランド最大の都市ベルファストである。アイルランドは元々は独立国であったが19世紀には全島が隣の大国イギリスに併合された。それ以降、独立を望む人々（主にカトリック系）と、イギリスにそのまま留まりたい人々（主に英国国教会系）との間で溝が生まれた。結局、1920年に法律によってアイルランド島は分割され、島の北東部にあたる一部をイギリス領の北アイルランドとして残し、アイルランド（自由国）は独立を果たした。従って、ルイスは全島がイギリスだった時代に生まれ、その後も彼の生まれたベルファストは北アイルランド地方の首府としてイギリスに残ったのである。学生時代はオクスフォード大学ユニバーシティ・コレッジで古典と英文学を学び優等生となった。第一次世界大戦をはさんでオクスフォード大学講師から1954年にケンブリッジ大学モードリン・コレッジへ移り、中世・ルネッサンス英文学主任教授となった。

〈『ナルニア国年代記』〉

C・S・ルイスの名を聞いてすぐに思い出される作品は『ナルニア国年代記』（あるいは『ナルニア国物語』）全7巻ではないだろうか。何作か映画化もされているので、映像を通して知った人も少なくないだろう。『ナルニア』は『顔を持つまで』とはジャンルの違う子ども向けとして書かれたファンタジーであるが、ルイスの想像力や表現力が感じ取れる物語で、こちらもぜひ読んでほしい作品である。本題の『顔を持つまで』と比べても、〈別世界への旅〉という点で共通点もあり、ルイス文学に迫るうえで重要なもののひとつなので、ここで簡単に紹介しておきたい。

ルイスの作品を好む人々のなかには、まずナルニアの物語に触れて他の著作へと引き込まれて行く場合もあるだろう。『ナルニア国年代記』はそれぞれに独立した作品全7巻からなる物語群で、それらをまとめて『年代記』（クロニクルズ）と呼んでいる。全体の枠組みとしては、各巻ごとにわれわれ人間の世界の子どもたちが別世界ナルニアに入って何年も冒険をしたのち、ふたたび人間界の元の場所へ戻って来ると時間の経過がほとんど見られないというファンタジー物語である。（『馬と少年』のみはナルニア国の中だけの物語で、人間界との接点がない）。旧約・新約聖書に似た題材がいくつか現れるため、キリスト教の教義を子供向けに物語化したものという解説を目にすることもある。私自身の考えとしては、聖書のイメージが随所に垣間見られるとはいえ、この年代記をはじめからあまり狭い枠にはめ込むべきではないように思われる。たとえば宮沢賢治の『銀河鉄道の夜』には仏教その他の宗教的題材が見られるし、賢治の生き方も仏教的であったが、読書を楽しむという点では、それを強調しない方が作品の広がりを感じ取れるように思われるのである。読書を通してもっと自由に想像力を広げて、読者それぞれが感じたようにこの別世界に浸る喜びを味わう方が楽しいのではなかろうか。

全7巻の中で特に印象的な『ライオンと魔女』は1950年にシリーズ第1作として出版された。このあと、7年かけて毎年1冊ずつ各巻が発表されていった。この第1作目を簡単に紹介しておこう。背景は第2次世界大戦下のイギリス。4人の兄弟姉妹が田舎へ疎開し、末っ子ルーシーは、その家の古い衣装箪笥から偶然にナルニアという別世界へと迷い込む。そこは雪に覆われた世界だが、実は魔女の呪いによって春が来ないのであった。次いでナルニアに入った兄エドマンドは魔女に騙されて捕虜となってしまう。残された3人の子どもたちは彼を救出するため、言葉を話すナルニアの動物たちと旅に出るのである。ライオンのアスランも力を貸すが、アスランを人間界のキリストの象徴とする捉え方もある。第6巻『魔術師のおい』ではナルニアの誕生が『旧約聖書』の「創世記」の冒頭部分のように語られ、最終第7巻『最後の戦い』ではナルニアの終焉が「最後の審判」のイメージを想起させせつつ描かれている。

〈『顔を持つまで』〉

『顔を持つまで』の特徴は、小説としての物語性にあるだろう。それは、「ストーリー展開」、「登場人物の設定」、そしてそのストーリーを最大限に生かすための「語り」などに見られるものである。この作品は『ナルニア』とは異なって大人向けに書かれた作品である。〈再話による神話〉という副題がつけられていて、ギリシャ神話のなかの物語をルイスが独自に語り直した作品である。文学においては、語り部が古くからの言い伝えを語り継いでゆくという形式が物語（「物」を「語」ること）の伝統の基本形のひとつであり、ここではルイスが自らその伝統を現代的に受け継ごうとしていると考えられるだろう。さて、本書の題材にはなぜギリシャ・ローマ神話が選ばれたのか。近代初頭のルネッサンスは当時忘れられていた古代ギリシャ・ローマ文明への回帰をめざしたもので、その精神は今日でも欧米文化の根底にある。欧米は古代ギリシャ文明に敬意を表してきたと言えるだろう。現代なら、たとえば古代ギリシャの競技会に倣って19世紀末に始まったオリンピック大会が浮かんでくるだろう。ルイスにとってもギリシャ・ローマ神話は憧れの対象で、学生時代には英文学とともに古典を専攻していた。われわれもこの小説を読むことで、欧米精神が本質的に保ち続ける古代ギリシャへの憧れの一端を感じ取ることができるだろう。

小説の元となった神話はどのようなものだろうか。それは「クピドーとプシュケー」（「愛とこころ」）と題された話である。クピドーは英語のキューピッド（Cupid）で、ギリシャ神話の愛の神アフロディーテー（ローマ神話のヴィーナス）の息子であり、恋の矢を放つことで知られ、エロースとも呼ばれる。プシュケー（Psyche）はギリシャ語の「魂、こころ」の意味で、英語ではサイコロジー（心理学）やサイケデリックなどの語の元になっている。二千年近く前（紀元2世紀）のローマのアプレイウスの『黄金の驢馬』（アープレーイユス著、呉茂一・国原吉之助訳、岩波文庫）の中の一挿話として書かれたもので今も日本語で読める。これは全編が残っている唯一のローマ時代の散文作品で、主人公ルキウスがロバに変身してしまい、さまざまな事件に巻き込まれる。ルイスの作品の元になった挿話「クピドーとプシュケー」は、一言で言えば「少女と魔物の結婚」とか、「愛の試練（と心の浄化）」の物語とされる。ルイスが〈再話〉と副題を付けているのは、単にストーリーに沿って小説化するのではなく、一度物語を解体して、ルイス流の独自の構成を盛り込んで語り直し、作品に新たな命を吹き込もうとしたということである。

ルイスの『顔を持つまで』では、全編が主人公プシュケーの姉オリュアルの手記（日記）という形を取っていて、彼女の目から見たものだけが語られてゆく。こうした語りの視点の設定は、特に近代小説で好んで用いられる手法のひとつと言えよう。元になったアプレイウスや古代・中世の物語の大部分ではストーリー展開が淡々と語られて行くことが多いのだが、こうした再話の語りにはルイスの独自性が発揮されている。物語はオリュアルが手記に次のように書くことで始まる。

わたしは神々を、とくに〈灰色の山〉の主である、かの神を糾弾するつもりだ。

読者は、プシュケーの姉オリュアルがなぜ神を問いただすのか、さらにこのオリュアルの言葉に対する神々の応対あるいは回答はいかなるものか、そうした答えを求めて読み進めることになる。いわば謎解きの旅に同行するのである。ミステリー仕立ての展開はこの小説の大きな魅力のひとつである。この物語は古代のギリシャ周辺の小国グロームから始まる。その国の老女王オリュアルが手記として一人称で語るのである。とはいえ、オリュアルはこの物語の主人公ではない。いわば進行役に徹している。アプレイウスの原作では、この小国には三人の王女がいるが、その一人、末っ子のプシュケーを巡って物語は展開してゆく。

読書案内として、ここで作品の冒頭部分を紹介しておこう。グロームの国では疫病や飢饉、日照りなどが続き、生贄を灰色の山の神に捧げるようにという天からのお告げが下った。それは生贄はプシュケーでなければならないという。神託に背くことはできない。プシュケーはその運命を躊躇することなく受け入れる。一国を救うためという以上に、実は彼女には幼少のころからなぜかあの灰色の山への憧れがあったからである。生贄とはすなわち、灰色の山に住む神（恵みの神は、もし怒れば魔物となると信じられている）と結ばれるということであるが、それはすなわち、生贄という言葉が示す通り、人間にとっては死を意味することであった。さて、生贄の儀式から何日かたって、姉オリュアルは、プシュケーの遺骸を拾おうと山に入るが、そこで目にしたものは…。実はここから、この神話の本当の物語が始まるのである。その後の展開について一言だけヒントを書いておけば、その後プシュケーは精神を浄める旅に出ることになるのであった。この作品の題名『顔を持つまで』という表現は、最終章である第2部第4章に現れる。

わたしたち自身が顔を持つまでは、神々と顔を合わせられるわけもないのだ。

オリュアルのこの言葉、すなわち書名の意味は、読者が読み進めてそれぞれに考えるべきものだろう。

よく知られた神話のひとつなので、今この文章を読んでいる人たちの中にはすでにこの神話を知っているという人もいるかもしれない。とはいえ、元の神話を知っていても、あるいは知らなくても、このルイスの小説を十分に味わうことができる。もし知っているなら、原典をルイスがいかに独自の方法を用いて語っているかという読みはスリリングであろう。他方、初めてこの物語を読むならば、この後のストーリー展開に新鮮な驚きをもって接することだろう。ルイスの小説では、語り手の女王オリュアルは妹プシュケーのその後のこころの旅の様子を自身の眼で目撃することはない。いわば妹と同じくこころの眼をもって読者に真実を伝えようとする。それは、原作の展開を変えることなくこの神話に新たな意味をつけ加えようという試みである。読者はルイスが意図した通り、その独自の語りによってこの神話の新たな意味を見出すだろう。そこに、小説を読むことの醍醐味を感じ取ることができるはずである。

〈さいごに〉

『顔を持つまで』は現代の小説としてストーリー展開の面白さ、それを語る技法の巧みさ、さらには欧米文化の基盤とも言えるギリシャ神話にも触れることのできる多面的な作品である。その古典と現代の融合による新しさを十分に楽しんでもらいたい。

（きむら・としお、日本大学教授・英文学者）

文学との出会い、それは人生の宝物だ

川成　洋

⑫
『名著入門　日本近代文学50選』
――平田オリザ 著

（朝日新書）

なんとも懐かしい内容の本である。今から60年余り前のこと、高校時代に国語の授業で「日本文学史」があった。その授業は明治以降の文学。おそらく担当の先生の専門が近代文学だったのだろう。先生が小説のプロットを解説し、詩の場合はまず両目を瞑った先生が朗々と吟唱し、我々に必ず暗唱を義務づけたのだった。その日の夜、僕は家の前で野球のバットを振りながら声を出して覚えたのだった。現在でも、時たま様々な場面で当時の詩と邂逅することもある。あの頃の国語には、日本の短篇小説、さらに古典、漢詩、漢文があり、本当に充実していたのだった。

それにしても、現在の高校の国語の授業はいかに。教科書を見る機会がないので、何とも言えないが、現在の若者たちの文学離れが危惧されている。そのためにも本書のような啓蒙的な日本文学論に大いに期待したい。

本書は、樋口一葉の『たけくらべ』から、別所実の『ジョバンニの父への旅』まで、代表作50冊を取り上げ、日本の近代文学の大きな流れを跡付けている。もちろん、著者の感性、文学観、世界観などが明確に活写されているので、予期せぬ作品評価や論理の展開に遭遇することもあろう。実はそれがなんとも面白いのである。

例えば、中江兆民（本名、篤介。１８４７〜１９０１）の『三酔人経綸問答』。三人の酔っぱらいが国家を論じている。国権主義を代表し海外進出を主張する豪傑者。理想論的な民主主義論、非戦論を唱える洋学紳士。さらに当時の日本の現状に合わせて、両者の主張を現実的に調停しようと試みる南海先生。当時の政治思想の迷走がこの三人の論者が見事に鮮明にしている。兆民は土佐の生まれ、若くしてフランス語を学び、24歳で岩倉欧米使節団に随行し、アメリカから欧州に渡ったのち、フランスに2年間ほど残る。帰国後、ルソーの『社会契約論』の漢文訳『民約訳解』を上梓し、後に「東洋のルソー」といわれた。

27歳で東京外国語学校学長に就任するも、文部省と対立してすぐに辞職する。その後西園寺公望らと自由民権運動を標榜する『東洋自由新聞』（１８８１年）を創刊し、政府の政策を厳しく批判した。第１回衆議院選挙（１８９０年）に当選するが、民権党内部の確執・混乱もあって、辞職する。それにしても、「自由とはとるべきものなり、もらうべき品にあらず」と主張し、国民に反封建主義を植え付けようとした。遺憾ながら、この兆民の主張を全く理解していないために、第2次世界大戦に惨敗した日本人はいまだ世襲議員を選出している。過去の歴史をしっかりと検証できない本当に愚かな国民である。世界中のどこに世襲議員を選出している国が存在しているのか。何時になったらこの馬鹿馬鹿しい政治状況から訣別するのか。

兆民は、たしかに坂本龍馬から幸徳秋水に繋がる高知の大らかなリベラリストたちの系譜の中核に位置するのだが、著者は、政治でなくて、文学を志していたらとの思いがあって、兆民の文学離れを惜しんでか、詩人の大町桂月が唯一の例外として、薩長土肥出身者は皆政治や経済の分野で、あるいは軍部で出世してしまい、「明治の文学は、旧幕臣や佐幕派の侍の師弟たちが支えていた」と指摘している。

有島武郎（1878~1923）の『小さき者へ』。大蔵官僚、実業家有島武の長男として生まれた武郎は、幼少期から英語教育を受け、10歳で学習院に進学、皇太子の学友に選ばれるほどの超エリート教育を受け19歳で卒業するが、そうした教育を忌避したかったのだろう、大学として札幌農学校（のちの北海道帝国大学）に進学し、内村鑑三らの影響を受けてクリスチャン（無教会派）になる。卒業後渡米しハバフォード大学大学院、さらにハーバード大学などに4年間留学するが、そこでのアメリカ人クリスチャンの堕落に失望し、キリスト教的社会主義者に転向し、帰国して東北帝大、ついで北海道帝大の英語講師を務め、志賀直哉、武者小路実篤らと出会い、同人誌『白樺』に参加する。1916年、妻安子の肺結核での死去、父の死去などで、本格的な作家生活に入る。『カインの末裔』『生まれ出づる悩み』『或る女』『惜しみなく愛は奪ふ』などを刊行する。その後、『婦人公論』記者の波多野秋子と知り合い、愛し合う関係になる。しかし秋子は人妻であり、秋子の夫から脅迫を受け苦しむようになり、1923年6月9日、二人は軽井沢の別荘（浄月荘）で縊死を遂げる。

1922年、彼が親から相続した北海道の狩太村（現・ニセコ町）の膨大な有島農地を開放し、大杉栄らアナキストの活動家たちを支援するが、彼らの政治運動には加わらなかった。『小さき者へ』は、幼くて母親安子を亡くした3人の子供たちを勇気づけるために書かれた感動的な手記である。その最後に「……前途は遠い。そして暗い。然し恐れてはならぬ。恐れない者の前に道は開ける。行け。勇んで。小さき者よ。」と宣言している。だが、著者は、「本作もまた、ただの感動の物語ではない。そこには、生の持つ根源的な寂しさと矛盾が描かれている」と述べている。

高村光太郎（1883~1956）の『智恵子抄』。光太郎は、上野公園の西郷像を作った高村光雲の長男として生まれ、1906年、23歳でアメリカにわたり、3年間アメリカと欧州で過ごす。1909年6月に帰国後、日本社会や美術界の閉鎖性に反感を持ち、東京美術学校の教職も断り、止む得ずデラシネ的生活を送る。やがて智恵子と知り合い、1914年、「僕の前に道はない　僕の後ろに道は出来る　ああ、自然よ　父よ　僕をひとり立ちにさせた廣大《こうだい》な父よ　僕から離さないで守る事をせよ　常に気魄《きはく》を僕に満たせよ　この遠い道程のため　この遠い道程のため」が、人口に膾炙されている『道程』を発表する。そのほぼ20年後、智恵子の郷土の実家の火災、実父の死去、それに続く実家の破産などが心痛苦慮を抱え込み、1932年睡眠薬アダリンによる自殺未遂に至る。その直後から智恵子が精神病を発病、長い闘病生活に入る。智恵子の置かれた過酷な状況は、光太郎の生活や仕事の一切の犠牲を余儀なくされる。1934年、父の光雲が死去し、その遺産を智恵子の療養費に充てる。1938年、智恵子が亡くなる。その後、心の空白を埋めるかのように、光太郎は国粋主義、戦争讃美の詩を書き始める。戦意高揚に努め日本文学報告会詩部門会長に収まる。1945年4月の東京大空襲でアトリエや彫刻、デッサンなどが焼失し、心から敬愛していた宮沢賢治の故郷花巻に疎開するが、同年宮沢家も花巻空襲では被災しする。敗戦後、悔恨と反省の詩を書き続ける。

智恵子の死の3年後の1941年、『智恵子抄』を上梓する。この『智恵子抄』が美しいのは、光太郎があくまでも理性の人であるために、宮沢賢治にはなれず、さりとて精神を病んだ智恵子のようになれないのを自覚し、その絶望が全編を貫いているからだ。著者は、「しかしその絶望と諦念は半面、彼を戦争詩へと向かわせた。人間はかくも弱い」と述べ、この章の最後に次の一節「智恵子は見えないものを見、聞こえないものを聞く」(「値ひがたき智恵子」より)で終わっている。

たしかに本書をひもとくと、そのほとんどが「なんとも懐かしい」文学作品である。ちなみに与謝野晶子の『みだれ髪』(1904年)に収録されている、日露戦争に従軍中の弟を心配して詩に託した「君死にたまふことなかれ」は、たしか高校2年の社会科「日本史」の日露戦争の授業で習った記憶が鮮明に残っている。長い詩だったので、先生が謄写版《とうしゃばん》印刷して下さったのだと思う。その日本史の先生は太平洋戦争期に海軍兵学校生徒だったという。彼の若い時の、卒業前の苦い敗戦体験が、授業中に時々、開陳されたのだった。

読者の皆さんには、本書の50篇の各篇の4~6頁の文学論考をいつまでもかみ締めてもらいたいと思っている。

(かわなり・よう、法政大学名誉教授)

第二章

政治

8篇

読まなければならない日が、きっと来る！

小田豊二

①『日本国憲法』

——小学館（写楽）編集部 編

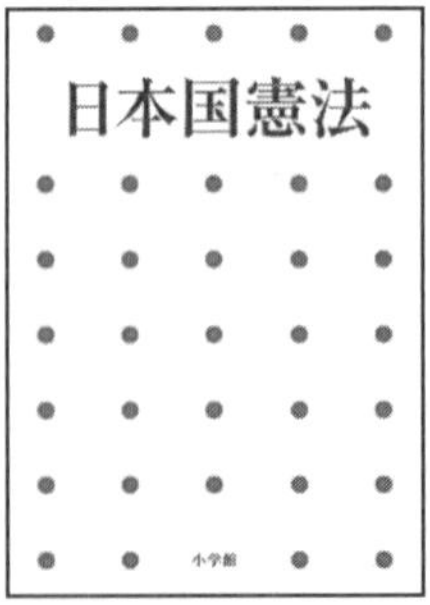

（小学館）

あれは、いつのことだったであろうか。

作家の井上ひさしが、故郷山形県川西町で、「憲法」について講演をしている時だった。井上ひさしと言えば、もちろん「護憲論者」。その日も、「わが国は憲法で戦争放棄を掲げている」ことを強く聴衆に訴え、「何があっても、戦争をしてはいけない」と力説した。憲法改正反対を訴える熱い講演が、会場を揺るがすような大きな拍手と共に終わったと思ったその時、最前列にいた古老の町議が手を挙げ、「先生に質問があります」と叫んだ。あたりがざわめいた。その長老が、誰ひとりとして逆らう者がいないといわれる地元の「ドン」だったからである。

降壇しようとしていた井上は、立ち止まり、質問者を確認し、中央に戻ると真摯な態度で「はい、どうぞ」と言った。

すると、町議はスタッフがあわてて準備したマイクをひったくるようにして取ると立ち上がり、壇上に向かって、低く、まるで黒い油が会場の床を這うような調子で、こう聞いた。

「先生……、もし、いま、北朝鮮からミサイルが撃ち込まれ……、秋田沖から北朝鮮軍が上陸してきたら……、私たちは……どうしたらいいのですか」

井上は、まったく動ずることなく、こう言い切った。

「そのまま、北朝鮮にやりたいようにさせたらいいですよ」

「え、戦わないのですか。じゃ、私たちはどうなるんですか」

長老の声が、震えていた。

「ミサイルを何発も撃ち込まれても、敵国の兵士が上陸をしても、わが国の国民は全員、戦わずに、そのまま、日本と言う国は、滅亡してもいいじゃないですか。そうなったら、必ず、この国は、世界の歴史に永遠に残りますよ。かつての唯一の被爆国で、しかも、第二次大戦後に制定した『今後、二度と戦争はしてはいけない』という自国の「憲法」を最後まで守り抜いて、まったく無抵抗のままで、すべての国民が一斉に死に、滅亡した日本という、真の平和を愛した立派な国が、かつてアジアに存在したと」

私は、この井上ひさしの言葉に感動した。そうなのだ。日本国憲法のなかの第二章第九条「戦争の放棄」を護るということは、国民全員がそうした「覚悟」を持つことなのだ。「何を無責任なことを言ってるんだ。そんなバカな。時間の無駄だ。誰だ、こんな人を呼んだのは！」

地方の実力者は、マイクに捨て台詞を残し、憤然と会場を後にした。十数人の付き人が「ドン」の後を追った。それを見た井上は、ゆっくりと降壇した。

当時、会場にいた私には、あの時の井上の力強い声がいまでも耳に残っている。

＊

それからしばらくして、小学館の希代の名編集者、島本脩二から「相談したいことがあるから、『写楽（しゃがく）』の編集部に来てほしい」という電話を受けた。『写楽』とは、当時、島本が担当していた写真雑誌であった。

聞けば、「日本国憲法」の本を作りたいとのことであった。写真雑誌で、日本国憲法？これまで、矢沢永吉や坂本龍一の本などベストセラーを連発している島本のことだ。きっと、なにかおもしろいことにはなりそうだ、という予感があった。

数日後、私は小学館の会議室にいた。島本の呼びかけによって、私を含めて、六人のフリーランスの編集者が集められていた。私は、彼らをまったく知らなかった。

島本は静かにこんな提案をした。

「このままでいくと、いつか、憲法改正の問題が本気で国民に問われる時代がやってくると思うんですよ。その日のために、僕たちは現行の『日本国憲法』を一度は読んでおかなければいけない。でも、何を読めば『日本国憲法』が読めるのだろう。きっと多くの人が迷うと思うんですね。そこで、『日本国憲法』だけが書かれている本を作りたいんです。でも、それだけでは、薄いし、味気ないので、憲法と写真を混ぜた本にしたいのです」

たしかに、当時、まだインターネットも普及していなかったから、「日本国憲法」を読もうとすれば、図書館で六法全書を読むか、書店で学者たちのそれぞれの主張するむずかしい「憲法論」を読破しなければならない。

それにしても、「日本国憲法」と写真？

いったい島本は、憲法にどんな写真を嵌め込むつもりなのか、私にはさっぱり見当がつかなかった。

「で、皆さんには、『日本国憲法』にふさわしい写真を探し、集め、しかも、第何条の部分にその写真を差し込むか、それをお願いしたいと思うのです」

島本は、そう言いながら、私たちに文字だけの「日本国憲法」のコピーを配り始めた。

そして、こう言った。

「ただし、皆さんはいきなり写真を集めるのではなく、まず、口でどんな写真がいいか、説明してください。そして、だいたいが決まったら、その写真を探すのです。写真に合わせて『日本国憲法』を編集するのではなく、『日本国憲法』に合わせて、写真を探すのです。とりあえず、今日は、『前文』と『第一章　天皇』そして『第二章　戦争の放棄』の写真について、どんな写真がふさわしいか、忌憚のない意見を言ってください。じゃ、小田さんから」

島本にいきなり振られた私は、こう言った。

「前文のところには、『たわわに実った稲穂』はどうですか」

すると、私の目の前の席の見ず知らずの若い編集者が、つぶやいた。

「この人、向こう側の人かなあ」

（向こう側の人？）

そうか。彼から見たら、私の「たわわに実った稲穂」は、右寄りだということかもしれない。次に、彼の番が来て、彼は「前文のあとに、「『胎児』の写真を入れませんか」と言った。他の四人からは、「地球」、「昭和二十二年生まれの女性の右目」、「空撮による東京」、「睡蓮の花が咲く連続写真」。

さすが、島本が呼び集めたフリーの編集者たちだった。

続いて「第一章　天皇」の部分は、「天皇の帽子」、「夏の富士山」、「月面から見た地球」、「家族四人が露天風呂に入っている写真」、「夜空と星の運行」という意見が出て、私は「柿の木のある農家の庭にいる老婆」と言った。

なるほど、「日本国憲法」は文章だけだが、私からみれば、自己紹介もない、ただ島本に選ばれた編集者たちの「思想」や「生き方」が写真の提案のなかに如実に表れていた。

たしかに、目の前の見ず知らずの若い編集者がつぶやいたように、私の発想は、右翼に近いかもしれなかった。

そして、一番大事な「第二章　戦争の放棄」の部分の写真に移った。

第二章　戦争の放棄

第九条　日本国民は、正義と秩序を基調とする国際平和を誠実に希求し、国権の発動たる戦争と、武力による威嚇又は武力の行使は、国際紛争を解決する手段としては、永久にこれを放棄する。
②前項の目的を達するため、陸海空軍その他の戦力は、これを保持しない。国の交戦権は、これを認めない。

見るからに切れ者という風貌の若い編集者から、写真の提案がはじまった。「宮城県松島の花火大会」、「日なたぼっこをする猫たち」、そして、私の番。私は平和をイメージし「国立競技場でラグビーを観戦する大観衆」と言った。そのあと、「水の入ったゴム風船に押しピンが刺さり破裂した瞬間」、「輸出用に船積みされる大量の日本車」、「幕ノ内弁当」と続いた。

私は、ふと、井上ひさしなら、この第九条の条文のあとに、きっと「愛用の万年筆と文字の書かれてある自家製の原稿用紙のアップ」の写真を入れたのではないかと思った。

＊

一九八二年四月二十日、この小学館版「日本国憲法」は、発売された。島本の狙い通り、憲法の条文と写真の不思議なミスマッチが話題となり、重版に重版を重ね、以後、必ず毎年五月三日の憲法記念日には、帯を改め、発売されてきた。

読んだことがありますか?

変えるか、変えないかは、読んでから。発売以来二十三年。現在三十七刷。九十二万部。大きな活字と写真二十九枚。目にやさしく、読みやすい。

手元にある二〇〇五年五月二十日発売のこの本の帯に、そうあった。

政府は、イギリス、イタリアと共同開発する次期戦闘機の第三国への輸出を解禁する方針を閣議決定した。また、陸上自衛隊や海上自衛隊で、幹部を含む自衛官らによる靖国神社への集団参拝が相次いで明らかになった。台湾有事に備え、沖縄の島々では軍備が迅速に進んでいる。北朝鮮からは、幾度となくミサイルが発射される。

島本脩二が言った「いつか僕たちは、現行の『日本国憲法』を一度は読んでおかなければいけない」と言葉が胸をうつ。それも「いつか」ではなくなったような気がする。

私たちが東京都千代田区一ツ橋の小学館の編集部に集められたあの日から、四十三年もの長い歳月が流れた。いよいよ、井上ひさしが講演で聴衆に力説したように、島本脩二が会議で私たちに熱く提案したように、多くの日本人が生まれてはじめて「日本国憲法」を手に取る時代が、ついに来たのかもしれない。

私たちに「日本国憲法」を読むことの大切さを必死で伝えようとし続けた、井上ひさしは二〇一〇年四月九日に、島本脩二は二〇二二年七月五日に亡くなった。

（おだ・とよじ、編集者・作家）

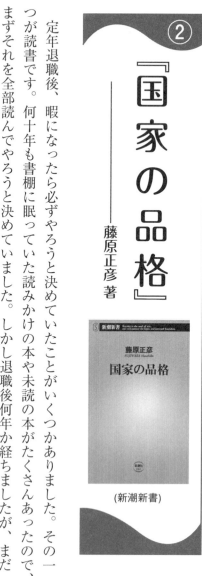

思い起こそう日本の美と心

竹川　徹

②『国家の品格』

藤原正彦 著

(新潮新書)

定年退職後、暇になったら必ずやろうと決めていたことがいくつかありました。その一つが読書です。何十年も書棚に眠っていた読みかけの本や未読の本がたくさんあったので、まずそれを全部読んでやろうと決めていました。しかし退職後何年か経ちましたが、まだ積読本の解消には至っていません。それどころか相変らず本屋に通って新しい本を買い求め、未読本を増やしている始末です。

この本も偶然本屋で見つけた一冊です。『国家の品格』。まずそのタイトルに惹かれました。妙なタイトルだな、学生運動が盛んだった我々学生時代は「国家」というと権力や弾圧の象徴であり、当時の学生運動家たちの敵でした。私のようなノンポリ学生でもこの言葉に今でもいいイメージはありません。反対に「品格」は、私のようながさつな人間がもっとも憧れる魅力的な言葉です。なんというミスマッチなタイトルだろう。しかも著者は数学者。まさか国粋主義者の数学者？　と失礼なことを考えながらとにかく強く興味をそそられ、中身もろくに見ないで買ってしまいました。しかしひとたび手にして読み始めると平易で軽妙でユーモアにあふれた文章に引き込まれ、一気に最後まで読んでしまいました。こういう教授の数学講義だったらぜひ受けてみたい、そうすれば私も数学嫌いにはならなかったかもしれないと思ったほどです。文庫本とはいえ、1日もかけずに読み終えた経験は今まで一度もありません。内容の面白さもさることながら、著者の的確なご指摘、日本愛に溢れた警鐘と提言の一つ一つが私に賛同の念を引き起こし、長い間心の隅に燻っていた〝わだかまり〟を和らげてくれたからです。

私は団塊の世代です。日本の高度成長期もバブル崩壊も失われた10年も（20年も）経験しています。戦後の第一次ベビーブームでとりわけ人数が多い世代ですから、大学までは学力試験や受験での競争、卒業後は会社での出世競争、外では国内や海外の他企業との開発受注売り上げ競争と、常に戦いを強いられてきた世代です。当然日本社会の世相の変化や流行もすべてリアルタイムで体現してきました。そのたびに良くも悪くも「また団塊の世代か」と揶揄されてきた年代です。

そうして定年退職して息をつけるようになった今、後ろを振り返ってみると成長を目指したはずの日本経済は停滞、かつて最強を誇った製造業は競争力を失い、GDPは中国に抜かれ、3位に転落してしまいました。コロナ終息後の回復も日本だけ蚊帳の外、今年GDPはドイツにも抜かれ、来年にはインドにも抜かれるとのこと。もっと厄介な問題は日本人の少子高齢化です。高齢化についてはわれわれ団塊の世代が元凶なので、これ以上言及しません。少子化に関しては、国の統計によると出生率（合計特殊出生率）と出生数は年々下がり、2023年の出生率は1・20、出生数は72万7千人と、両方とも過去最低を記録したと報告されています。このままでは労働人口はさらに減少し経済成長どころではなくなってきています。

少子化については、現在色々な支援策が実施されるようになりましたが、問題は若者の結婚離れです。私の勤めていた会社でも独身社員が掃いて捨てるほどいました。なぜ結婚しないかと恐る恐る聞いてみると、たいていは異性との付き合いが面倒だからとか、既婚者の生活を見ていると楽しくなさそうだからとか、嘘っぽい理由をならべます。沽券に関わるのか、決してお金がないからとか異性にもてなかったからだと言う人はいませんでした。こうした適齢期を過ぎた人達はともかく、もっと若い人達はどうでしょうか？　最近会った元会社の部下は、適齢期真っ只中の男女2人の子持ちですが、すでに彼らから一生結婚しませんと宣言され、孫を持つ楽しみを失ったと嘆いていました。もちろん説得にかかりましたが、周りの友人たちも同様なので全く効き目がなかったそうです。このケースは親が裕福で優しく甘過ぎる家庭を築いてしまった功罪なのかもしれませんが。いずれにしろ結婚しない若者が急増しているようです。まさか種の保存という人間の本能まで忘れてしまったのかと心配になります。

我々が就職した頃は、年々給料が上がるのが当たり前、何年か先には課長に昇進でき、さらにその先には部長への道がある、子供が生まれる頃には家も買えるかもしれないと希望的未来を描けた時代でした。結婚など当たり前のことで、貯金ゼロでも平気で家庭を待ち子供を産み育て、結果的に定年まで何とかやってこられたのです。そう思うと今の若者がかわいそうですが、こうした状況を作ってしまったのは紛れもなく我々大人です。我々の血の出るような今までの苦労は何だったのか、全く無駄だったことになります。悠々自適の老後を期待して退職したのに達成感もなく、なんとなく漠然とした喪失感と無力感に襲われていたのです。これが、私の心の隅に燻っていた〝わだかまり〟の正体です。

著者の藤原正彦氏は数学者です。東京大学卒業後数学者としてアメリカやイギリスの大学でも教鞭をとり、現在はお茶の水女子大学の名誉教授となられております。こうした海外での生活を通じて、先生は欧米の論理をベースとした近代的合理精神の強みとその限界を数学者の立場から分析、現在の先進国の荒廃を指摘しています。また明治維新以降それを踏襲してきた日本についても、経済の停滞と社会の荒廃が進んでいることを憂慮され、今こそ日本は失われつつある「国家の品格」を取り戻すべきだと主張されています。

藤原先生によると、論理は強力で他を排除する力がある。しかし論理の展開には必ず出発点があり、それは人、立場により様々である。出発点が違えばおのずと結論も違ってくる。数学の場合は、出発点は常に世界共通の公理であるので結論は常に正しい、と数学者らしい注釈もつけていますが。この論理の弱点および限界は、第1次、および第2次世界大戦を引き起こしたり、現在の中国、ロシア、北朝鮮といった専制国家の台頭を許したり、グローバルで自由な市場経済を追求したあまり貧富の差を著しく拡大させたことを見れば明らかである、と指摘されています。

確かに日本はバブル崩壊後も、金科玉条のごとくグローバル化を合言葉に、社会の仕組みやルール、経済活動等の基準を欧米に合わせてきました。当時でもグローバル化に反対する経済学者やオピニオン・リーダーはいました。特にアメリカ人の経済学者のノーベル経済学賞を受賞したジョセフ・E・スティグリッツ教授は『世界の99%を貧困にする経済』だと厳しく糾弾しています。私も現役時代に関わったことのある国際会計基準などは、一般の日本人には全く関係なく、投資家、特に海外の投資家や投機家に便利で有利なだけの仕組みです。

この辺の裏事情について藤原先生は別の著書『国家と教養』（新潮新書）で、アメリカが貿易赤字の原因は日本だと認定しジャパン・バッシングを展開、金融ビッグバン、新会計基準、民営化郵政改革、規制緩和等、様々な分野で日本政府に強く要求・強制してきた結果だと暴露をしています。国民は何も知らされていませんでしたが、どうやらアメリカのゴリ押しは半導体協定や自動車関税協議だけではなかったようです。かつては経済強国として認められ発言力もあった日本が、今や見る影もなくなってしまったのです。こうした状況をどう打破したらいいのでしょうか？　日本を心から愛する藤原先生は、以下のように提言しています。

〝日本は古代から育んできた「情緒」を日本独自の強みとして維持し守っていくべきである。明治維新以来失われつつあった日本の特徴「情緒と形」をもう一度思い起こし、日本人全体がそれを認識し誇りをもつことによって日本独自の国家の品格が保たれる。それを堂々と世界に発信すべきであり、後世に伝えていくべきである。〟

それではこの独特の表現「情緒と形」とは何でしょうか？　先生は真っ先に、自然に対する感受性、無常観、もののあわれ、を挙げ、日本庭園、茶道、華道、書道、虫の音への感性、花見、紅葉狩り、俳句、和歌、などを具体的に例示しています。また懐かしむという感受性では、家族愛、郷土愛、祖国愛、人類愛を具体的に挙げ、重要性はこの順番どおりで、家族愛が最も重要である。家族愛がなければほかの愛はあり得ない、と断言されています。そして情緒を育む精神の形として、「武士道精神」を復活すべきと提唱されています。新渡戸稲造の『武士道』の解釈を引用し、最も重要な美徳として「惻隠」をあげています。敗者への共感、劣者への同情、弱者への愛情と同義語のこの徳目は、現在のような市場経済による弱肉強食の世界で大きな役割を果たす可能性があるからです。

そしてこの「情緒と形」は、議会制民主主義、シェイクスピア、ディケンズ、ダーウィン、ケインズ、蒸気機関車、レーダー等がイギリスの普遍的価値であったように、紛れもなく日本の普遍的価値となります。「美しい情緒」は文化や学問を作り上げ、真の国際人を育ててくれます。小学校で英語を教えるよりまず国語や算数を徹底的に教える、そして古典や名作を読め、というわけです。

さらに「情緒と形」は人間の総合判断力をも上げてくれます。総合判断力が高まれば、論理展開の出発点を正しく決めることもできます。論理の弱点を克服できれば、惻隠のような情緒の力で戦争さえも避けることが可能になるのです。こうした情緒と形を身に着けることで国家の品格は高まっていきます。

最後に、品格ある国家の指標として以下の4点をあげています。当然この指標はかつての日本はすべてクリアしていたものです。

1番目は、独立不羈です。アメリカに隷属する状態から脱して食料自給率や防衛力を高めること。2番目は、高い道徳です。市場経済による金銭至上主義に痛めつけられていた道徳を以前の高い水準まで取り戻すこと。3番目は、美しい田園です。美しい田園が保たれているということは金銭至上主義に侵されていない、美しい情緒がその国に存在する証拠です。4番目は、天才の輩出です。学問、文化、芸術などで天才が輩出していることです。天才は、「美の存在」、「何かに跪く心」、「精神性を尊ぶ風土」の3条件が揃わないと出現しません。

藤原先生は、天才輩出の3条件を確認するためにわざわざ数学の天才ラマヌジャンの故郷インドまで訪ねています。そこで見たものは息をのむような壮麗な寺院と、跪く対象ヒンドゥーの神々、そして彼の属したバラモンを最上位とするカースト制度でした。先生の主張した3条件は見事に証明されたのです。

本書の初版は2005年ですから、執筆は20年以上前だと思われます。今でこそ鮮明になっている先進国の惨状を、藤原先生は当時から予見、警鐘を鳴らしていたわけです。今でも改善の兆しは全く見えていませんが、日本に関しては、少し光が射してきたかもしれません。普段スマホやPCを覗いている皆さんは、日本の文化や歴史のすばらしさ、自然の美しさ、日本人のやさしさ、和食のおいしさ等に関する動画がSNSに多数アップされていることはご存じでしょう。ほとんど海外からの観光客や日本在住の外国人の投稿です。日本人が情報発信する前に、海外の人から日本の魅力を評価、紹介してくれるようになったのです。これらの動画を見て驚くのは、彼らの日本に関する知識の広さと深さです。私より日本の歴史や文化に関して詳しい人が何人もいます。日本人には当たり前すぎて特別でもなんでもないものを、海外の人が感動し称賛しているのです。藤原先生が海外で経験された通り、海外の人が自国にないものに憧れているだけかもしれませんが。

インバウンドが増えたきっかけは日本の漫画やアニメの影響が大きいとされています。サブカルチャーと馬鹿にする人もいますが、日本の「情緒と形」を無意識に反映した作品が多く、これも立派な日本の文化芸術と言えます。この原稿を書いている間にも、『SHOGUN将軍』がアメリカのエミー賞を18部門で受賞、というニュースが飛び込んできました。アメリカ社会の多様化の延長に過ぎないと冷ややかにいう人もいますが、間違いなく海外からの日本を見る目が変わってきている証です。あとはわれわれ日本人次第です。藤原先生が指摘されているように、知識や技術は世代を超えて蓄積されますが、「情緒」は一代限りです。国家の品格を維持するためには、これを次世代へ伝えていくことが必須です。

ここで若者の登場です。まずこの本を読んでみてください。たかだか191ページの文庫本です。必ず日本人として誇りを持てるようになります。そして早く結婚して子供を育て、この「情緒」を後世に確実に伝えてください。我々年寄は、最早お願いするだけで何もできませんが。

（たけかわ・とおる、元IT企業役員）

止めを刺すべし、日本の政治的腐敗

阿久根　利具

③

『検証　政治とカネ』

上脇博之 著

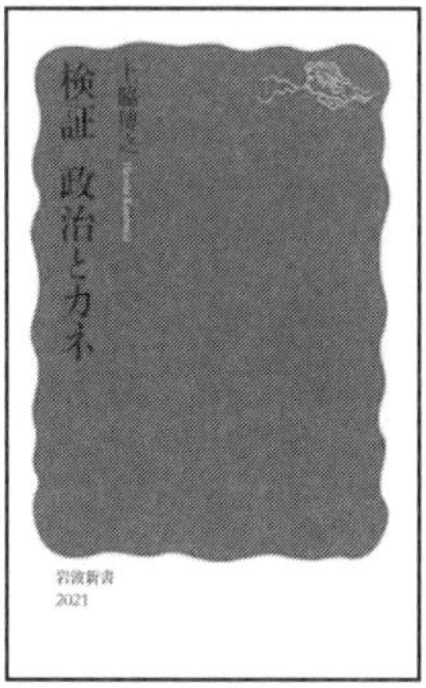

（岩波新書）

現在の日本の政治はいったいどうなるのだろうか。相変わらず独裁的な権限が許されている「世襲政治家」が破廉恥にも跳梁跋扈している政界。日本の政治の凋落と暴走を何とか阻止しなければならないと思っている。やはり権力側の「金権メカニズム」を調べてみる必要がある。そのためにも、昨今、書店に行けば相当数の現在の日本政治を分析している本が並んでいる。しかも、幸いなことに、おそらく若い人に手に取って読んでもらいたいという期待からであろう、ほぼすべて1000円以下の新書版である。その中の1冊を取り上げてみよう。本書の著者である上脇博之氏は、よくテレビインタービューに頭にバンダナを巻いて出演している、憲法学専門の大学教授であり、現在でも「政治とカネ」をめぐる事件で100件を超える刑事告発を行っている。

本書を開陳する前に私の体験を述べておきたい。

何年くらい前だったか忘れてしまったが、東京の小田急新宿駅西口前で、当時の安倍晋三首相が車の上から演説していた。私はどんな演説をするのか、いささか野次馬気分も働いて立ち止まった。第2次世界大戦の戦犯だった岸信介の孫にあたる「3代目の世襲」の首相に過ぎないと思って聞いていると、聴衆の後方から突然ヤジが飛んできた。すると安倍氏がヤジった連中方向に指をさして、居丈高に「私はこういう連中と戦うために今ここにきている」などと驚くべき暴言を吐いたのだ。するとそれが合図であるかの如く、突然、後方で騒がしくなった。振り返ると、ヤジったと思われる2、3人の男の周りを数人の大柄の男たちが取り囲んでいた。そして聴衆の中から乱暴にも押し出してどこかに連れ出したのだった。これで安心したのか、何事もなかったかの如く、安倍氏の演説は続けられた。そういえば、2019年7月15日、その後、同じような事件がJR札幌駅前でもあった。北海道新聞によると、「安倍氏の演説を聞いていた男女2人が「安倍、辞めろ」「増税はいやだ」とヤジったために、聴衆に交じっていた数人の私服警察が即刻その二人を暴力的につまみ出し、取り調べのために警察署に連行したという。それが言論の自由に対する重大な侵害であるとして二人は道警本部を告発した。2回の警察側の敗訴・上告を受けて裁判は恣意的に長引いてしまったが、最高裁は2人の表現の自由を侵したとして、女性に55万円を支払うよう北海道に命じた、第2審・札幌高裁の勝訴を支持した。これらは、ほんのわずかな事例であるが、もはや我々は何も言えない言論封殺的状況、換言すれば戦前・戦中の深刻な状況に置かれているのだ。

そういえば、2022年7月8日、奈良市の大和西寺駅北口付近で、参議院選挙の応援演説中に、安倍晋三元首相が銃殺された。その殺害者は、演説中の安倍氏の後方から手製の銃で殺害したのだ。安倍氏の正面だけ警備すればよいと判断した警察当局の監視体制が十分でなかったということで、確か奈良警察本部長は左遷されたようだった。殺害者は、後方から狙えば可能と判断したのだろう。確かに後方には警備関係者は一人もいなかった。それにしても、安倍氏の殺害によって、例えば、某カルト教団と自民党の癒着、自民党と公安警察との上位下達関係、自民党の派閥単位の裏金政治の実態、自民党議員の脱税と隠蔽、そうした議員の取り調べに当たった地検特捜部の恣意的と思われる空振り捜査報告などが完膚なきままに暴露されたのだった。

それにしても、現在、ほとんどの国で、立法機構として議会制を採用している。だが、政治権力と直結している前近代的な「世襲制」を容認している国は日本だけであろう。知り合いの外国人ジャーナリストが日本にいまだ「世襲制」が生きているのかとあきれている。かなり前だったが、自民党の世襲議員がテレビで世襲制をめぐって「職業選択の自由だ、なにが悪いのか」と一喝して、おしまい。なぜ新聞、あるいはジャーナリズムがこうした不見識な発言に異議を述べないのか、不思議である。というか、まともな報道が死ねば、戦前・戦中のように社会は崩壊してしまう。この厚顔無知な国会議員は、議員業を家業にすることが民主主義の根幹と乖離することとすら気付かないのだ。おそらく若い時に父親の議員秘書として国から給料をもらい、親子で存分な暮らしを続けていたのだろう。

本書によると、小選挙区制度が導入された1996年以降の総理大臣を見ると、岸田首相まで12人が総理大臣になっているが、そのうち3人を除けば、なんと9人がすべて世襲議員である。すでに日本は北朝鮮と遜色のない完璧な世襲制になっているのだ。こんな首相から、チャーチル、サッチャーといった世界的な政治家はひとりも輩出せず、ただ朝三暮四をくり返す老人に過ぎないのだ。しかも自民党の衆議院議員258人（2024年2月）の中に少なくとも109人（42％）もの世襲議員がいる。

これは民主主義国家といえるのか。冗談ではない!!

「議会主義の祖国」といわれているイギリスにはたった一人の世襲議員もいない。「小選挙区制」は、イギリス議会のように二大政党（保守党と労働党）制にして、政権交代が可能にしたいというわれわれの秘かな期待を受けて、日本の超党派の衆議院議員団がイギリスに視察のための渡英をしたのだった。そしてその情報に基づいて「小選挙区制」を導入したのだった。その結果、国民が期待する政権交代可能な2大政党が誕生したのだろうか。

しかも、「小選挙区制」で候補者が選挙民の投票で落とされても、「比例制」というシステムで、復活当選するようになっているのだ。そのため自民党の一党独裁が続くことになったのだっだ。

しかも、選挙にお金がかかり、そのために議員の収賄事件を引き起こしてしまい、1994年の「政治改革」として、「国民一人当たりコーヒー1杯分で、きれいな政治を実現する」という謳い文句にして、政党助成金による政党交付金の交付を決めたのだった。この制度は、国民一人（生まれたばかりの赤ちゃんも含む）当たり250円として、それに総人口をかけた金額を毎年、政党交付金として税金から拠出し、各政党に分配するというのである。なんとうまいことを言うのだろうか。自分たちはこのままで選挙を続けていけば当選した暁には汚職や収賄などで国政を汚してしまう、だからこうした醜態を排除するために、「コーヒー一杯分250円を出してほしい」というわけだ。実はこの政党交付金について、自民党の実力者であって脱税事件で逮捕された金丸信元副総裁ですら、「そんなものを導入したら「泥棒に追い銭」になる」と言って反対していたのだった。

2023年の政党助成金の総額は、9つの政党に対して総額315億円余り。各政党の受け取る金額は議席数割と国政選挙での得票数割で決まり、最大の自民党は159億1000万円、野党第1党の立件民主党は68億3200万円、日本維新の会は33億5100万円などなど、なお日本共産党は政党助成金に反対する立場から、政党助成金交付を拒否している。このように国会議員に新たな財源を与える大判振る舞いをしてしまい、政党助成金のおかげで、安倍政権誕生以来、世間が不景気のために四苦八苦しても、自民党だけは「バブル状態」を謳歌しているともいえる。

政党助成金は、別言すれば、「就活」する人に、「就活中に悪いことをしないように、就活用の活動金を出してほしい」ということだ。だが、例えば地方在住の大学卒予定者が就活のために上京する場合、自腹を切らねばならない。どうして国会議員希望者だけがこのような恩恵を受けるのだろうか。日本国民からこれに対して疑念や反対の意見を表明していない。大手新聞などのマスコミの同様である。本当に、報道機関は何を考えているのか。

勿論、こうした無限に拡大する「世襲制」については、選挙民の方にも問題がある。

残念であるが、いまだ、選挙に関して買収・饗応などが大胆に繰り広げられている。選挙民自ら「封建制社会」を望んでいるのだと思ってしまう。だから代々続く「世襲議員」を輩出しているのだ。ちなみに安倍元首相の実弟の岸信夫参議院議員である。兄弟が同じ選挙区で、衆・参両議員になっている。きっと、この兄弟の選挙民は幸せの生活を送っていて、「桜を見る会前夜祭」などに参加していい思いをしているのであろう。

最後にイギリスの選挙について一言皆さんに伝えたい。イギリスに視察に行った日本の衆議院議員団がおそらく聞いたかどうか分からないが、「世襲」と「比例制」の確保に頭がいっぱいだったのか、それとも無知蒙昧のために英語はさっぱりわからなかったのか、イギリスにおいて、新しく下院議員（日本では衆議院議員）に立候補する場合、選挙区の設定を立候補者ではなくて、その所属する党が決める。それには、３つのポイントが挙げられている。立候補者の党活動に関する貢献度、党是に基づいた選挙演説のうまさ、政治的ディベートの説得力、などである。さすが「議会制度の祖国」といわれているだけある。だからその選挙区にどんな貢献を果たしたか、例えば、新幹線を止めてその町に新たに新幹線駅を創設したといったような、日本的美談が発生する余地はまったくあり得ない。こういう行為自体は国会議員として誠に恥ずかしいこととなっている。なぜなら国会議員は国家・国民のために働くからである。ちなみに、確かサッチャーは４回立候補して当選したが、もちろん所属政党は保守党で４回とも異なる選挙区であった。また日本では、場合によっては、億単位のお金がかかるといわれているが、イギリスの場合、日本人の皆さん、しっかり心にとめておいてほしい事実であるが、各候補者が使える選挙費用にきちんと上限がある。現在の基準は３万７００ポンド＋当該有権者×６ペンスまたは９ペンス、日本円に換算すると、だいたい５００万円くらい。しかも、保守党では、この選挙費用の３分の２は党が負担し、残りの３分の１は候補者側が負担する。ですから、財政上は取り立てて厳しくなく、誰でも立候補できる。事実、現在20歳の学生で議員に当選した女性が二人いる。選挙が終われば、各選挙事務所は選挙費用について報告することになっている。選挙費用に違反したら、選挙事務所の会計責任者と立候補者（当選していても、落選していても）の両者が7年間の公民権停止処分となる。だから、選挙費用に関しては絶対に嘘の報告はあり得ないのである。こうして、1835年以降のイギリス議会は国民から深い信頼を受けていて、あのチャーチル首相が、ナチス・ドイツが仕掛けた「バトル・オブ・ブリテン」を含む第2次世界大戦の戦勝演説を議会から国民に語りかけたように、「議会はイギリスの誇るべき文化遺産」といわれている。さて、皆さん、日本の国会はどうであろうか。ともかく、我々は、もう少し真剣に「政治とカネ」の問題を知るべきであろう。もう封建制ではないのだから。

本書の内容（目次）を紹介しておきたい。第1章、政治家の収入はどうなっているのか。第2章、カネはどう規制されているのか。第3章、抜け道だらけの政治資金規正法――裏金はこうしてつくられる。第4章、金権政治を加速させてしまった90年代政治改革。第5章、市民の手で「政治とカネ」を究明する――私が告発を続けるわけ。終章、真に求められる政治改革とは。

本書の著者は、次のように述べている。

「本書を読みおえたときには、もう皆さんは「政治とカネ」問題の専門家です。各政党、特に自民党の政治資金規正法に対し厳しい意見を言いたくなるに違いありませんし、実際の政治資金収支報告書に記事内容もチェックしたくなることでしょう」と期待をこめております。

最後に、私から、さらに2冊ほど勧めたい。
『裏金国家――日本を覆う「2015年体制」の呪縛』金子勝著、朝日新書870円＋税）
『ばらまき　選挙裏金』中国新聞「決別　金権政治」取材班著、集英社文庫（1100円＋税）

（あぐね・としとも、文芸評論家・武道家）

市民としての自覚が民主主義を守る

大谷　博愛

④

『ひとはなぜ戦争をするのか』

寺島実郎 著

（岩波書店）

私が多くの人に読んでもらいたい一冊は、寺島実郎『ひとはなぜ戦争をするのか』岩波書店　２０１８年（以下、本書）である。

著者はコメンテーターとして時折ＴＶに登場するが、与えられた情報ではなく、自らの問題意識から出発して収集した情報を鋭い目で分析した批評を展開していることが視聴者にはよく伝わってくる。本書は、その著者が現代社会に内在する危機について発しているいくつかの警告の書の一つである。多くの人、とくに次代を担う若い人たちには是非読んで、現代社会をしっかり見つめ、問題を洗い出し、これからどのような社会にすべきかを読者自身で考えてもらいたい。

著者がこれまで蓄積した情報量の膨大さを反映して、本書でも非常に多くの事象が取り上げられているので、読み進めると現代の社会がいかに多くの問題を抱えているのかということに気付かされる。そして、それらが散漫に羅列されているのではなく、しっかりとした関連付けがなされているので、論点がぼやけていない。それは、「社会はどのように動いているのか、どのような問題を抱えているのか、どのようなメカニズムでその問題が生み出されているのか」という著者の知的探求の原点が振れずに主軸になっているからであろう。

本書は、物理学者アインシュタインが平和の実現を考察するに当たって、それを阻む人間の欲求について心理学者フロイトに問いかけた「人間を戦争というくびきから解き放つことができるのか」というテーマの往復書簡を基点にしている。アインシュタインは平和を実現するための国家を規制する制度設計の必要を考えて、それを阻む「憎悪に駆られ相手を絶滅させようとする欲求」をどう考えるべきかを問いかけた。フロイトの返答の要点は、人間には愛と攻撃の二つの欲望が潜在しているので、人間から攻撃的な性質を取り除くことはできないというものであった。その上で、戦争を抑制するものとして文化の発展を促せば戦争の終焉に向かうとフロイトは結論した。文化は知性を強め、それが欲望をコントロールし、知性が攻撃本能を内に向けさせるからである。詳しくは本書P・2〜P・

7を参照していただきたい。この起点を頭に置いて本書を読み進めれば、本書を理解するにあたって有意であろう。

一般に、戦争とは、国家主権を背景に国家対国家の利害対立を暴力すなわち武器を用いて解決しようとする武力衝突である。しかし、本書は戦争に限らず社会における対立・争いはすべからくそれを招く要因には通底するものがあると見て、国の内外を問わず権力を巡る争いを考察の対象にしている。武力を伴わなくても権力闘争を勝ち抜いて権力の座に就いた者はその国の外交を取り仕切る代表として国際政治に登場するので、どのようなタイプの人物でどのような考えの持ち主が主要大国のトップに立つかは国際政治に直接影響することは当然である。それがアメリカ大統領ともなると、誰がどのような選挙戦を通じてアメリカ大統領になるかは中東問題、ロシアによるウクライナ侵攻問題、米中関係などをはじめ世界の多くの問題に影響するので、日本国民である我々には投票権はないものの大いに関心を持つべきである。

民主主義における権力を巡る競争の場は各種の選挙ということになる。本来選挙は政策理念を競う場であるが、それにもかかわらず多くの民主主義国家で選挙戦が利権を奪い合う争いの場となっているのが現実であり、わが国もその例外ではない。アメリカ大統領選挙は、２０１６年にトランプが候補として登場して以来、候補は支持者の利益だけを声高に叫び、テレビ討論では相手を口汚くののしり合う傾向がより顕著になってきた。政権に就いたトランプは自らの欲望と支持層の利益を排他的に実現しようとしたため、公正な配分が行われずに格差社会が進行した。フロイトが人間の欲望として愛と攻撃を挙げたが、他者を想い全体を調和的に統一しようとする愛が欠落して攻撃の方だけが前面に出た結果である。有権者は自らの利益を実現してくれそうな候補者を支持し、その支持で当選した権力者は社会全体ではなく自らの利己的欲望と支持者の利益のみを考慮した強引な政権運営を行い、それに対する批判を封じ込めるために強権的性格を帯びて来る構図は珍しいことではない。目先の利益しか考えず対抗勢力を力でねじ伏せようとするのは、まさに文化が生み出す知性の欠如した反知性主義であるが、本書はこの事例としてトランプ大統領と安倍元首相の政権運営を多く取り上げている。

本書の著者は、憎しみの連鎖を抑えるのは知性（文化）であり、フロイトのいう文化力を形成する知性の中核は歴史認識であると考える。そして、民族の歴史を時間軸の中で客観視する歴史認識を踏み固めることがその民族の文化力だと言う。平たく言うと、それぞれの社会（国家）が辿った道（歴史）をご都合主義で目を向けたくない事象を看過することなくすべて真摯に振り返り客観的に評価することが歴史認識であり、現在の政策を策定するに当たってもその歴史認識が土台になって生かされなければならないということである。18世紀後半のイギリスにE.バークという政治思想家がいたが、彼はロンドン西方の西海岸に位置するブリストル選出の政治家でもあった。彼の「私はブリストルの選挙民によって選ばれたが、一旦選ばれたらブリストルの代表ではなく英国国民全体の代表である」という有名な演説がある。つまり、政治家は支持者の利益のみを代弁する代理人ではなく、適切な判断を委任された代表であるという趣旨だが、とくに国のトップになる政治家は国家の行方を左右するのだから目先の利己的欲望に捉われず知性を備えた真の代表でなければならない。

しかし、現実には民主主義の下でも利権を奪い合う反知性主義が横行している。「権力は腐敗する。絶対的権力は絶対に腐敗する。」というアクトン卿の有名な言葉がある。古今東西、権力を求め権力闘争に打ち勝って権力の座に就く権力者のパーソナリティは権威主義的タイプであることが多い。ここで権力の行き過ぎに歯止めをかけるものがなければ、知性主義とは程遠い強権主義が進行するのは自然の成り行きである。この歯止めこそがアインシュタインが措定した国家を規制する制度ということであろうが、ここでも大きな問題が立ちはだかる。法を作るのは立法府の専権事項であり、立法府は選挙で当選した政治家だけで構成される。政治家は自分たちの欲望を実現するために活動しやすい法制度は進んで策定するとしても自分たちを縛る法を作ることに積極的になるとは考えられないので、政治家による欲望実現のスパイラルが出来上がる。

この強権主義のスパイラルを粉砕して権力の横暴を防止する最後の砦は市民である。市民とは、特別な資格や知識を有している人を指しているのではない。公的事象に関心を持ってごく普通の良心と倫理感をベースに報道機関のニュースを見聞し、より良い社会を願う気持と協調性を持って自分なりの考えを作り、少なくとも有権者として投票所に行くことを当然と考える一般の人のことである。自覚さえあれば誰もが市民たり得る。

民主主義の原則の中でも立憲主義と国民主権は権力に勝手放題させないという意味において大切なものである。立憲主義は「法に基づいた支配」であるが、字面だけが独断専行して合法的な手続きによって成立しさえすればどんな法でも有効性を持つという法万能主義が世界で横行している。しかし、立憲主義の本来の意味は伝統、倫理、正義などが法の有効性の規準になるということである。政治家の中にはもともとそれらの規準を内面化させていない人たちもいるのだから、法には市民の批判の目が向けられなければならない。

政治家にとって一番怖いのは、主権者たる国民が市民として批判の目を持ちそれがまとまることである。「サルは木から落ちてもサルだが、政治家は選挙に落ちればタダの人」という大野伴睦の有名な言葉がある。２０２１年総選挙で自民党幹事長を務めた甘利明が小選挙区で落選し、比例区で復活当選した。こうした事態がなければ、甘利は岸田後継を巡る総裁選に手を揚げて総理になる可能性もあった政治家である。ここで選挙制度の是非は論じないが、小選挙区制は多くの問題を抱えながらも、一人当選が決まればあとは全員落選なので有権者にとって候補者をチェックしやすいメリットがある。にもかかわらず落選者も比例区との重複立候補で復活当選できるという救済制度があるのは、政治家にとって市民のチェックに晒されることがいかに恐怖であるかの表れである。

しかし、著者は多くの人々が市民的判断力を働かせず感情的に一方向に流れるポピュリズムに言及し、今日でもさまざまな場面で見られるとポピュリズムの危険性を指摘した。権力は不満を解消して利益を実現するという甘いメッセージを発信し、不服従に対しては過酷な処遇を示唆して恐怖心を煽り、判断力を失った人々が盲目的に権力を支持する流れができて、それがどんどん成長して誰も抗うことができない大きなうねりになって行った20世紀前半のファシズムの歴史がある。これを繰り返さないためには権力を客観的に判断する市民の目は不可欠である。

かつて安倍一強と言われた時期が2012年から約8年間続いた。この一強が冷静な評価による国民の主体的支持に基づいたものなのか、ポピュリズム的性格のものなのかを判断するために安倍政権の政治過程および政策を批判的に検討することは、市民としての冷静な目を養うためにも有用である。

まず、衆院選比例区の絶対得票率を見てみると、安倍総裁の下で戦った2012年選挙の16・4％は自民党史上最低であり、その後も2014年17・4％、2017年17・6％だったが、安倍退陣後の2021年は19・4％とむしろ上がったということは、必ずしも国民の主体的な支持に基づいた安倍一強であったとは言えない。しかし、世論調査で見る限り、安倍内閣の支持率は在職中の平均51・7％（ＮＨＫ）と非常に高く大きなギャップがある。政策で見てみると、安倍政権が行ったと言える政策は、アベノミクスと言われた低金利の円安・株高の金融政策と集団的自衛権行使を中心とした安保法制である。ここで政策内容に踏み込んだ議論はしないが、両方とも賛否が大きく分かれるものであり、政策に対する支持が安倍一強の要因とは考えられない。そうだとすると、要因として考えられるのは二つである。一つは安倍と競合する強力な対抗馬が自民党内にいなかったということ、もう一つは2009年の民主党への政権交代の後遺症の二つであろう。後者をさらに詳しくみると、野党の悲哀を2度と味わいたくない思いから自民党内に結束ムードが生まれたことと、官僚機構も民主党政権から批判に晒された苦い経験から安倍政権を支えて行ったことである。こうして安倍一強の素地ができると、党内では安倍参りが常態化し、マスコミも情報確保のために安倍政権に好意的な報道をするようになって、安倍一強体制は自己増殖を繰り返して不動のものとなった。こうしてみると、安倍一強は実体の伴わないポピュリズム的なものであったと言えるだろう。

一強政治が問題なのは強権主義の政権運営が展開されるからである。強権主義では権力者の意志が公正な議論なしに公式に決定された政策として提示される。現に安倍首相は自分の信条である集団的自衛権行使の容認を国会審議の俎上にも載せず強引に閣議決定した。さらに安倍首相は誰が見ても明らかに公私混同と分かるような行政行為を何度も行ったのは、なんのためらいもなく反知性主義の政治決定ができる強権主義の結果と言わざるを得ない。それゆえ、強権主義につながる一強体制をつくってはならないのである。

自制心と他者への配慮を欠いた人間やグループが権力を求めて争いを繰り広げ、それに勝った者が権力を握るから強権主義になり強引に社会を動かして行くことになる。そのような権力者の過熱した利己的欲望が国家間でぶつかり合うと戦争になる。文化の発展を促せば戦争の終焉に向けて歩み出すことができるというフロイトの結論は虚しい観念論だと言う人が少なくないことを本書の著者は認めつつも再考に値する本質論だと考える。

民主主義が危機に陥っていることは認めざるを得ない。しかし、政治理念として民主主義を捨てることはできないしそれに取って代わるものもない。ルールの範囲内であれば何をやってもいいという風潮から起きている諸問題は民主主義の弱点なのではなく、民主主義の本質からかけ離れたものである。民主主義における政治は良心と適切な判断力すなわち知性主義を背景にしたものであり、利益の調整が政治であって私益の競合の場ではない。したがって、欲得がぶつかり合う弱肉強食が公開の場で展開されるから許されるというものではない。しかし、利権を求めて権力の下に群がる支持に支えられた権力は、国民の信を得たと称して強引に偏在的な支持者の利益を実現させているのが現実である。こうした非民主的な政治運営を抑え民主主義の理念に叶った政治に立ち返るためには権力を規制する制度改革が必要になる。ところが、政治家たちは自分たちの望まない制度改革をしようとはしない。とはいえ、政治家も市民のまとまった批判には弱いので、多くの人が市民として批判的な目で政治を監視することが必要である。その意味で、多くの人には本書を読んで今展開されている政治に危機感を持ってもらいたいと思う。そして、歴史認識に基づく深い洞察力と同時代の全体を見渡す広い視野から成る知性を読者自身が身につけるだけでなく、そうした知性に基づいて活動する政治家は正当に評価し支持して行くべきだろう。

（おおたに・ひろちか、拓殖大学名誉教授）

事実誤認と隠蔽体質は国家や企業を誤らせる

早瀬　勇

⑤『ドイツ敗北必至なり　三国同盟とハンガリー公使大久保利隆』

――高川邦子 著

ドイツ敗北必至なり
三国同盟とハンガリー公使大久保利隆
高川邦子
ハンガリーから
正確な独ソ戦況を伝え
ドイツ降伏時期を予測した
外交官がいた!

(芙蓉書房出版)

序章――これから人生を歩む若者の君へ

誰しも人生にはいくつかの岐路がある。今年89歳になる私にも、人生を左右するいくつかの岐路があった。それはサラリーマンや教師としてのキャリア上のチャンスであったり、逆に上手く避けられなかったピンチであったりした。その岐路で貴重で親身な助言を得られたこともあったし、また稚拙な判断や行動で昇進できなかったこともあった。

ここ百年間の国家としての日本にも、多くの重要な岐路があった。それぞれの岐路において為政者たちの判断や行動が国家の命運を左右した。最重要と思われる岐路は、ここに書かれた日米開戦であろう。日米両国の国力の差を判断できず、ソ連と対峙したヒトラーの力を過信した日本の為政者の判断ミスは重大で、そのうえ自己保身のために終戦を遅らせ、結果として原子爆弾の投下、ソ連の参戦と満州侵攻などの惨禍につながった。

記録や歴史や、時には小説を読むことで判断力を磨き、「岐路」への対応力を養っていただきたい。

I。本書の骨子——真実を伝えることの意味／三国同盟と一外交官の証言

ヒトラーが率いる〝三国同盟の要《かなめ》ドイツ〟が欧州を席巻し、ついには1941年6月22日ソ連に侵攻し戦いを優勢に進めていたと日本では思われていた1941〜42年当時。ハンガリーなどで直接情報を集め、独ソ戦でのドイツの劣勢を本国に伝え、ドイツ降伏時期を予測して決死の思いで帰国を果たした後、天皇に御進講（上奏）までした外交官がいた。ハンガリー特命全権公使大久保利隆である。

大久保ハンガリー公使は、ヒトラーに心酔しドイツの対ソ戦勝利を信じ日本の対ソ参戦を提唱する大島浩ドイツ大使（東條首相と陸大同期）に異を唱え、ハンガリーからドイツの不利な戦況を外務本省に打電し続けた。1942年11月、ベルリンで開催された在欧大使会議で大島大使が提案した日本の対ソ参戦案（ソ連を挟み撃ちにしてドイツを助ける案）は、欧州で権勢を振るった大島大使の前に出席者が沈黙する中、大久保が一人堂々と反対を表明、採決の結果圧倒的多数（大久保案への賛成はスペイン公使のみ）で大島案は否決

された。大島大使の怒りは頂点に達した。

「親独的ではない日本人外交官」、「英米の宣伝に乗せられている公使」とナチスからも烙印を押され、ナチス・ドイツ支配下のパリ公使に降格させられた。外務本省でも、谷外相などは大島大使のヒトラー一辺倒に懸念を抱いていた。

決死の覚悟で1943年末、ソ連経由帰国。「ドイツ敗北必至・早期終戦準備」を要人に説いて回り、重光外務大臣と松平宮内大臣らの理解を得た。さらに宮内大臣より「自分に報告した通りを陛下に申し上げるように」との勧めに従って1944年（昭和19年）2月29日天皇への御進講の形で上奏した。天皇は熱心に耳を傾けられたが、御前会議は大久保の意見を採り上げられないまま終わった。

消えた外交の良識について、大久保は自筆の『回想――欧州の一角より見た第二次世界大戦と日本外交』（鹿島出版会、1976年）で次のように述べている。

「1941年春ごろまでは、ヒトラーがユーゴー攻撃のあと、ヨーロッパの戦局打開のため、ソ連に侵入するなどということを予想する人は一部の人々を除いては少なかった。と同様に、中国大陸であれだけの消耗戦を続けている日本が、その動機の如何はさておき、さらに英米に対して戦争に入るなどという大冒険を犯すことなど夢想だにしないというのが、ヨーロッパにおける常識だった。・・・

当時こうした外交の良識の働く余地は全く閉ざされていた。独逸でも日本でも、ある行き詰まり自体を多少の犠牲を忍んでも解決しようとするのではなく、さらに大きな事態に突入することによって、一時的に難局を解決しようという安易な考え方が支配的であった。」

上奏を果たした大久保は、ヨーロッパには戻らず、日本本土空襲激化による中立国外交団および民間外国人の軽井沢疎開に伴い三笠ホテルに置かれた外務省軽井沢事務所長を命じられ、終戦までスイス公使などの外交団との折衝に当たった。

敗戦後、サンフランシスコ講和条約締結、国連加盟などを経て日本の平和外交が復活すると大久保は駐アルゼンチン特命全権大使に任じられ、主に経済外交で活躍した。退官後はブラジルの石川島播磨造船の副社長や、鹿島平和研究所の理事、評議員などを務めた。

Ⅱ。本書を推す理由――国家の運命を決めるのは事実確認か解釈（忖度）か？　今ほど真実の正確な伝達が必要な時はない

三国同盟を強く推進する大島ドイツ大使は、無謀な対ソ戦で劣勢に陥り始めたドイツ軍の実情をひた隠し、ヒトラー一辺倒の強気な情報を本省や軍部に送り続けた。対日石油禁輸制裁に出たアメリカや、イギリス、中国、オランダの対日包囲網にいら立ちを募らせた東條首相らは、ドイツとの共闘方針をますます強め、もはや武力対立は避けられないとする軍部の強硬論を抑えきれない状況に至っていた（P・96）。

１９４１年12月１日、ついに御前会議で日本の対米英開戦が決まった。

歴史に「イフ（if）」はないが、事実が正確に伝えられ、軍事力のデータ一分析が冷静になされ、国家の最高決定が複眼的判断によってなされていれば、日本が焦土と化すこともなかったであろう。何よりも、多くの善良な市民が無駄に死ぬことはなかった。

大久保によれば、「この太平洋戦争への突入は、日本軍部が独ソ戦でドイツは勝つと早合点し、ドイツが勝てば日本の立場も強くなるということを前提にしていたようだ」（P・270）。

戦後の1951年、大久保が調査団に加わって訪米した際、グルー元駐日米大使と再会した。グルー氏は終戦の話になると残念そうにこう語ったという。「自分は一日も早い戦争の終結を願っていた。講和条件として、日本の皇室の問題に触れなければ日本は必ず講和交渉に載ってくると主張したのだが、誰も相手にしてくれなかった。今になって、君の言うことは正しかったと言われる。もし講和が早ければ悲惨なことにならずに済んだのに」（P・230）。

為政者の責任はこのように重大極まりない。真実が正しく早く伝わり、国民の利益が損なわれないように（あるいは損失が最小限に食い止められるように）判断し、行動することがいつの世にも強く求められる。

第二次世界大戦で連合国に無条件降伏した日本とドイツは、ともにアメリカなどの占領下に置かれ、主にアメリカ式民主主義と合理主義の洗礼を受けた。教育制度をとってみても、マイスター制度を誇るドイツは比較的に実業を重んじる制度を残したが、日本は6・3・3制や教育委員会制度を忠実に導入した一方、公立の先生方がつくる日教組が政治にまで強い発言権を持つようになった。

終戦時、国民学校生徒だった私は、1945年8月の敗戦を境に、学校でそれまでとは全く真逆の教育を受けた。「富国強兵」、「八紘一宇」（臣民は天皇のもとに一つの家とする）、「大東亜共栄圏」などの国家的標語は一切禁止されて、教科書も多くの個所が墨で黒く塗りつぶされた。先生方がおっしゃることも、「鬼畜米英」、「欲しがりません。勝つまでは」から「アメリカの民主主義に学べ」に大転換した。これほどの大転換は、88年間の人生でいまだに無い。

そして以降約80年間、私たちは学校でも職場でも、「正確な客観的な事実に基づいて、民主主義に則った公平な判断をすること」を唯一無二の行動原理にしてきた。

それがどうしたことか！　21世紀にロシアと中国で実現した超長期独裁政権は、「事実」とその「認識」を使い分けるようになった。報じられる事実は国家にとって必ずしも正しくはない。独裁者が正しいと認識することのみが正義なのだ！

2022年2月24日に起きたロシアによるウクライナ侵攻を見るがいい。国際政治の世界でも、真実の認識と国家の地勢的な正義とでは大きな差が生じる。ウクライナは歴史的に見ても、ソ連時代の行政区画から見ても、ロシアの領土である、とするプーチン大統領の地政学上の認識と、ウクライナはソ連崩壊とともに独立した民主国家であり、国境の変更は認められないとする現行の国際法は相容れない。独裁者の認識次第で民主的独立国の領土が侵されるのでは世界に紛争が絶えないことになる。

アメリカ国民は国際的環境保護を合意したパリ協定には縛られない、とするトランプ氏を、米国有権者のかなりの数が支持しているという。いや、協定の内容を理解したうえで協定離脱を支持したわけではないようだ。10年前までは、無教育や低所得を理由に世間で相手にされなかった自分たちを、トランプ氏は相手にしてくれるから、ショーのような講演会に喜んで行き、彼に投票する。トランプ票が僅かに足りないとなると、武装してワシントンの議事堂に乱入してでも投票結果を覆すのが彼らの思想と行動だ。

戦後私たちが民主主義の師と仰いだアメリカで、民主的判断よりも感情や排他的ムードに流される集団の膨張は危険である。選挙制度にも根深い問題が潜んでいると思われる。

戦後アメリカから輸入された民主主義は、多少の不具合を含みながらも、安心して暮らせる民主的社会を国民に保障してくれている。この人間の安全保障を支えている大きな要因は、矢張り真実を正確に伝えることに帰着する。

Ⅳ。あとがき――真実が伝わる社会を目指そう――何をすれば閉塞状態の日本を変えられるのか?

真実の伝達（報告）を妨げているのは、実質的終身雇用制のもとで転職が妨げられているからだ。労働の流動性があれば、人事権者に対する見せかけの忠誠心は消えてなくなる。経営者のキャリア形成の重要性。技能と知識を重視するポストでは、採用はジョブ契約で通年採用になる。転勤・転職はキャリアのレベルアップにつながる。

大企業の不祥事隠蔽と忖度について、その立場になって考えてみよう。

真実を正しく迅速に伝えることは社会や組織の運営上基本的に必要なことであるが、報告すべき当事者が置かれた環境によっては、その遂行が極めて困難なこともある。多くは閉ざされた労働市場に遠因があるのではないか？　いまだに我が国に色濃く残る実質的終身雇用制。自分のキャリアを人事当局に預けた雇用関係。その原因である「四月新卒一括採用」が旧弊を温存している。

同期意識が日本の組織ほど根強いところはないだろう。青春時代のクラスメートは、何時再会しても懐かしく、利害を離れて語り合える。しかし大島ドイツ大使と東條首相の濃密な信頼関係は、不幸にも日本の行方をミスリードした。同期意識や同窓意識は、組織を運営するうえでの思考や行動まで規制するものであってはならない。良心に従って真実を語り伝えることの責任は、一人一人の胸の中にある。

卑近な例もいくつかある。戦後の民主主義と市場での公正取引が一般化した世界でも、長年の不正経理（損失隠蔽）が社長や後継社長によって引き継がれ、不正に驚いたアメリカ人のお雇い社長が告発した内視鏡トップメーカーの不祥事は記憶に新しい。終身雇用の世界で、上司の不正を隠蔽した部下が後任に取り上げられ、不正が隠蔽されたまま順送りにされる。日本の経営陣のキャリア形成の特殊性が見直された事件だ。最近は「モノ言う株主」の関与が強まっている。社員の良心に基づく真実の報告が、より一層強く求められる。

話は第二次世界大戦期に戻るが国家の命運を分ける日独伊三国同盟の成立と崩壊のプロセスにおいて、大久保元ハンガリー公使が行った情報収集・発信や命を懸けた上奏が、あの時代いかに勇気を要する行動であったか！

本書は祖父大久保利隆の生きざまを描きながら、人間の生き方を日本人に示した孫娘高川邦子さんの経営哲学書でもある。

大久保の長男である著者の父から直接話を聞き、大久保の『回想』を読み、外務省公電はじめ内外の外交文書にあたって事実の裏付けを行った。「三国同盟史」、「日本外交秘話」としても貴重な著作である。

（はやせ・いさむ、元金沢星稜大学学長・アジア・ユーラシア総合研究所評議員）

「事実の報道」は「真実」なのか？　学者と新聞社の体質　細川　呉港

⑥

『現代中国事典』

安藤彦太郎 編

(講談社現代新書)

イギリス帰りの日本夫人から聞いた話だ。この夫人は何冊も英語の翻訳本を出している優秀な女性だが、一番の才能は長男と長女、二人の子供をオクスフォード大学に入れ、ひとりは弁護士、もうひとりは国営のＢＢＣ放送に入れた。もちろん本人の努力のおかげだが、どちらも難関である。

その夫人が息子が中学校時代、学校の参観日に行ってびっくりしたことがある。歴史の授業だった。その日のテーマは「バラ戦争」。言うまでもなくイギリスが15世紀の半ば、王位継承をめぐってランカスター家とヨーク家とが30年間にわたり、フランス王も巻き込んで争った貴族間の勢力争いである。ランカスター家は赤いバラ、ヨーク家は白いバラが旗印だった。その日の授業はこのバラ戦争についてであった。

教師は初めに簡単な歴史の説明の後、あとは生徒にこのバラ戦争についてどう思うか、どちらに味方するか、あるいはどうすればよかったかを生徒に討論させるのである。

いろいろな意見が出たが。授業はたくさんの生徒の意見を聞いたまま終わった。もちろんどちらが良かったたか、悪かったたかなど結論は出さない。さまざまな生徒の意見を出すのが目的の授業だった。

夫人はびっくりした。これがイギリスの歴史の授業なのかと思った。それに比べれば私が日本で習った歴史の授業は何だったのか。ただ、年がら年中、人物名と年号の暗記だった。歴史というのは暗記科目であった。

ああ、私は何という無駄な人生を送ってきたのだろう。日本の授業では歴史を検証することなんかなかった。歴史上の人物が、あのとき決断したことは良かったか悪かったか。こうしていれば歴史が変わったのではないか。あの時の行動は正しかったたか、間違っていたのか――。自分は暗記だけすればそれが勉強だと思っていた。考えることなどなかった。

イギリスでは、年号などは、年表を見ればすぐにわかることで覚える必要はない。それよりも、生徒が歴史に対して、自分はどう思うか、もし自分だったらどうしたか――他人のいろいろな意見を聞く、それが一番大事なのだ。日本の場合はすべてが教条的にいい、悪いで決めつけている。ほんとうはどうすればよかったかは、歴史は簡単に決めつけられるのものではない。

明治維新の文明開化の時代すべて右へ習えで、文明開化と言えば何でも肯定された。古い日本の文化はすべて悪いとして排斥した。奈良の興福寺が二束三文で売りに出されたのはよく知られているとおりだ。その時多くの日本の歴史的お宝が外国に流れた。戦争中は「鬼畜英米」。戦後も、「民主主義、差別」の名のもとにたくさんの日本の文化が失われた。こうした「一億総なんとか」は、みな自分たちひとりひとりが自分の考えを持たなかったせいではないか——。

世の中にはいい本と、悪い本がある。というより正しかった本と、間違っていた本がある。あえて過去形で言うのは、何十年かして初めて間違っていたことがわかる本があるからである。

戦後、多くの日本人が、あるいはマスコミをはじめ学者たちが共産主義を理想の国家体制と考え、そのもとになったマルクスや、エンゲルスの思想を絶対視した。それらに関する本はゴマンとあった。唯物史観である。曰く原始共産社会と、現代の共産党社会を除いて、あとの真ん中の二〇〇〇年以上の長い歴史はすべて、支配者と、被支配者の差別社会であったと。それは階級闘争の歴史とも言うべきもので、階級闘争は必然的に、プロレタリア一党独裁となる――。

何万という人が、いやソ連、中国の人民を入れると世界中で、何十億という人たちがそれに賛同してきたのだ。

そういった思想を鼓舞し、煽った本を書いた人たちは今どう思っているのだろうか。毛沢東を絶賛した人も多かった。その人たちは、今何も反省の弁を現わさないまま、まるで他人事のように知らん顔をしているのではないか。

私の友人は、かつて自分が囚われていた思想と左翼運動の反省の意味を込めて、今は逆の立場から出版活動をしている。少しでも多くの人たちに自分たちの過ちの声を聴いてもらい、また現実に目覚めてほしいからだ。

正しい本と、間違っていた本を見分けるのは難しい。それを可能にするのは、できるだけ多くの本を読み、自分の思考をみがく以外にない。たくさんの本を読んで、たくさんの思想があることを知っておくことである。

一冊の本を書くのに、著者は何か月、長い場合は何十年もかけて本を書く。その間の労力や努力は並々ならぬものがある。試行錯誤もあるだろう。その一冊の本を読むことは、それらの著者の努力の何か月分か、あるいは何年もの歳月や成果をそっくり頂くことになる。一週間で読む人は、著者の何年分かの努力と思考の集積を僅か一週間という時間で追体験し、すべて自分のものにできるのだ。本をたくさん読めば人の何倍もの人生や時間を短時間で手に入れることが出来るのだ。本をたくさん読めという由縁である。

私の本棚の隅に、古い文庫本がある。文庫にしてはかなり厚い本である。講談社現代新書『現代中国事典』（安藤彦太郎編）である。

出版日は、一九七二年六月。

中国の文化大革命が一九六六年に始まり、一九七六年に終わったとされているから、ちょうど文革真っ盛りというところだろう。安藤彦太郎といえば、早稲田大学の教授で、中国通で知られ、「アンピコ」と親しみを込めて呼ばれ有名だった。北京の中国科学院で近代史研究を行い、どっぷり中国共産党の啓蒙を受けて帰った。

同じ中国学者である尾崎秀樹のもとに「中国の会」をつくりメンバーに、新島淳良、野村浩一、竹内好、野原四郎、橋川文三、今井清一などがいて、雑誌「中国」を発行した。親中派、文革礼賛派が多い。多くの若者が彼らの影響を受けた。

『現代中国事典』の立項は二八一項目で、それらを七四名が手分けして書いている。文革時代の中国を「理解」する上では、とてもいい「参考書」である。いやバイブルであった。

一九七〇年代から、多くの日本人が中国旅行に行き、日中友好を盛り上げた。行く先々で「歓待」を受け、俄か覚えの「東方紅」や「我愛北京天安門」を歌い、日中関係は「一衣帯水」であり「世々代々」続くのだと繰り返し唱えた。

この頃つくられた小冊子に『自力更生の中国――一衣帯水の中国を見る』（第一集、第二集がある）というのが私の手元に残っている。第一次東京都・教育界友好訪中団が一九七六年七月二十六日から、八月九日にかけて、上海、鄭州、西安、洛陽、新郷、北京と二週間にわたって回った旅行の記録集である。当然、先の『現代中国事典』とはその内容においては文革時代の中国を反映して共通のものが多い。つまり文革中にだけ通用した言葉や事柄が多いのである。旅行の参加者はすべて教員、それも校長、教頭から、ヒラの若い教員までさまざま。その教員の中に私だけひとり特別参加させてもらったのである。若い教員の中には日教組の役員やバリバリの社会党、共産党員が多かったように思う。私から見ると、校長教頭のグループと、日教組の若い組合員は行く先々で反応が違い、まるで二つのグループのように思えた。若い女の先生は、中国の学校の教員との座談会で、満を持したように質問した。「中国では女性教員が多いけれど、産児休暇は何日取られますか?」すると中国の幹部の女性教員が答えた。「我々女性教員は日ごろお国のために滅私奉公の精神で懸命に働いているのでお産の前の日まで働きます。休みもできるだけ少なく――」と言ったので、質問した教員はびっくり。労働者のための働く人に味方の国に来たのだから、どれだけ待遇のいい答えが来るかと期待したのに答えは逆だった。この逆転劇は、旅の間到る所で起こった。南部の農村地帯では農家の父と子が荷車に石を積んで運んでいた。それもかなり重そうだった。炎天下、親も子も上半身裸で汗びっしょりである。下はパンツのような半ズボン。見ると裸足だった。私はこの暑いのに裸足かと思った。するとすぐに若い日教組の男の先生が反論した。「暑いから裸足の方が気持ちがいいんだ」と。

ことほど左様に一度社会主義とプロレタリアートの国は素晴らしいと洗脳を受けると、論理を逸してすべてが美しく見えるのである。笑い事ではない。多くの人が、特に旅の間中、中国側の説明を聞きそのまま信じてしまった。今でもそうである。公式に発表されたもの、お役人が言ったことは間違いないと日本人はそのまま信じるのだ。日本の新聞記者もそうである。

それはだんだんエスカレートして、旅の感想文の中には「開かれた学校」とか「中国人の幸せ」などという今から見るとびっくりするよう感想文もあった。まるで理想の国を夢見心地に旅していたようだった。

この『自力更生の中国』という冊子と『現代中国事典』は共通の認識を持っている。特に今では文革中に流行った単語や用語が多い。例えば一時江青をはじめ「四人組」がアピールした中国農業の模範村大賽《たいさい》。「農業は大賽に学べ」といって多くの地方の農民を動員して、広い段々畑の村を見学させたのである。大賽の村の農民が、自らの手で段々畑を開拓したといわれていた。しかし実際はその多くの段々畑は解放軍の兵士を動員して切り開いたものであった。私は最初から、六百数十人の村人の、子供を除いて働ける人はその半分として、三百人ちょっとの人数でこれほどの段々畑を開墾できる面積ではないと見た。しかし旅行に参加した教員のほぼ全員が中国側の説明をそのまま信じたのである。

「はだしの医者」もそうである。多くの農村に始めてつくられた医務室で、無医村克服の新しい画期的な試みとして宣伝されていた。しかしわたしの見たある村では机と椅子だけの医務室に若い二〇歳すぎの女の子が座って居ただけであった。何の医学的知識も持たない中学校しか出ていないかわいい女性であった。

中国の学校教育、ひいては中国人そのものについては日本人はかなり誤解している。日本の新聞も悪いのだが、外信部の特派員や、あるいは時に派遣された新聞記者が、現地で村の村長や、外事弁行室の役人に質問する。現地取材が大切だと言われているからである。村の役人は答える。中国の学校制度は小学校六年、中学校三年、そして高等中学が三年ですと。すると「現地取材した」新聞記者は、「中国の学校制度は日本と同じ六三三制だ」と記事に書く。

果たしてそれは本当だろうか。しかしこれには大きな誤解がある。就学率が考えられていないからである。小学校の就学率（もちろん村によって違う）が考慮されていないのである。当時は中学校だってない村が多かった。まして高校にあたる高級中学校はない。私は経験があるが、解放軍から帰ってきた青年が、自分の名前しか漢字を書けなかった人にもたくさん会った。かつて日本に働きに来た青年がみんな大学を出たという証明書を持って来ていた。次第にそれが間違いだと分かってきたが多くの日本人はみんな騙されていたのである。中国ではいくらでも卒業証書を発行してくれるのである。お役所も例外ではない。日本人がこのように騙されるのは、海外経験が少なく、言葉がしゃべれないことによる。だからすぐに相手を信じて騙されるのである。それに日本人は基本的には善良である。嘘はつかなく義理堅く、恩義を忘れない。中国人は日本人と同じ顔をしていても、教育レベルや、民度はかなり違う。

『現代中国事典』は先に述べたように二百八十一の立項であるが、手分けして書いた著者七十四人（複数回書いている者もいる）のうち、安藤彦太郎の早稲田大学から九人、朝日新聞から五人が特出して参加している。

早稲田大学は安藤彦太郎を中心にして、以後文革支持派が幅を利かせた。朝日新聞もそうである。

朝日新聞といえば、文革中、他社の新聞社の特派員たちを中国側が気に入らないからとすべて国外に追い出されたが、朝日新聞の秋岡家栄特派員だけは北京に残った。

彼は中国共産党の機関紙『人民日報』の記事を転載し、連日毛沢東、後には江青をはじめ「四人組」の活躍を一面トップで大々的に報じた。秋岡は返す刀で、わずか数日北朝鮮民主主義人民共和国を訪問し、「発展する朝鮮の農業・工業」という特集記事を掲載した。何年か経ち、「四人組」が失脚し、毛沢東まで批判されるようになると、「毛沢東の誤謬（ごびゅう）」という聞いたことのない言葉で毛沢東失脚を大見出しで報じた。誤謬という言葉を聞いて、かつて日本の敗戦を、終戦、全滅を玉砕と言い換えた新聞を思い出した。誤謬したのは毛沢東だけではなく、朝日新聞そのものだったのではないかと思った。

新聞の悪口を言うのが本稿の目的ではないが、新聞というのは本来、瓦版から発達したもので「速報」を旨としている。だからその日その日の速報を他社に負けないように早く伝えるのが使命である。勢い長い目で見て事件や出来事を追い、本質を捕らえることがことがおろそかになる。「テェーヘンダー、テェーヘンダー（大変だ、大変だ）」といってその日の瓦版が売れればいいという宿命を負っている。記者クラブでかつてはマージャンをしながら担当大臣が記者会見をするのを待ち、会見の内容をかいつまんで本社に連絡する。昔はメモを、その後は電話で、今はラインかもしれない。それらのメッセージは本社のデスクで吟味されあるいは「書き換えられ」て初めて紙面になる。現場での記者の心情はなかなか伝わらない。表に出るのは、個人の見解ではなく「社」の見解となる。外国のニュースも個人の見解は伝わらず、すべて本社の方針にのっとって採用、記事は書き換えられるから「中国庶民の実態」はいつまでたっても伝わらない。

特派員で言えば、『人民日報』の記事を読み、伝達すれば駐在員の役目が果たせるのであるから、早い話が特派員は誰でもいいわけで、昨年まで中東の国の特派員がつぎの年中国に行ってもいい。中国の庶民の実態は何も知らなくても勤まる事になる。

いわばサラリーマン特派員である。そうでなくても共産圏の一党独裁下においては、庶民の暮らしは分からない。みながお互いの監視役であり周りもすべてスパイかも知れないから、本当のこと言わない。一年や二年中国人と付き合ったとしても、本音など言うはずがないのである。

何年か後になって、他社の特派員から、「本当は文化大革命で何が行われていたかある程度分かっていたのだが、書けなかった」という話を聞いたことがある。たとえ本当の事を書いても本社がオーケーをしないと紙面にならない。これを書くと両国間が険悪になると思われるときは絶対に書かないのだ。

いい例が戒厳令下の台湾である。台湾は四十年間戒厳令が引かれ、大陸から来た中国人、国民党一派の蒋介石と蒋経国が、思うまま暴虐の限りをつくした。高尾事件、美麗島事件。林義雄事件は白昼堂々老母を初め幼い子供三人を含めて家族が惨殺された事件。翌日、惨殺死体が市内に投げ出されていた。見せしめのためである。それだけではなく有名な二・二八事件も日本人は知らない人が多い。台湾の悲劇は戒厳令の間40年間日本の新聞にはほとんど書かれなかったからである。日本と台湾の友好関係にひびが入ると新聞社側で忖度されていた。この間、台湾人は判っているだけで三万人が殺され、行方不明になった。中国で三千万人が亡くなったと言わる文化大革命のとき、台湾では同じ中国人による「白色テロ」が行われていたのである。

新聞社は自分たちは事実の報道をしているから常に「中立」であると豪語している。中立とは何か。事実の報道は本当に「真実なのか」。自民党の大臣が政治改革をすると記者会見をすると次の日の新聞には、「自民党の大臣が政治改革をすると発言」と出る。新聞社のニュースの製造工程がすでにそうでき上がっているからである。そこに担当の記者の心情は何も加味されない。大臣が発言したのは「事実」であるが、「真実」かどうかは分からない。ここでは新聞記者はジャーナリストではなく、単なるメッセンジャー・ボーイにしか過ぎない。

事実の報道で思い浮かべるのは、戦争中の「大本営発表」である。大本営が発表したのは「事実」であるが、本当かどうか分からなかった。

数年前、昭和十八年に「玉砕」したアリューシャン列島のアッツ島に従軍カメラマンとして現地に行った杉山吉良という男のことを調べていて、いろいろなことに気がついた。彼は、アッツ島の基地建設後、帰りの船の関係でアッツ桜や山野草の写真を撮ったあと帰国したが、ちょうど一年後、昭和18年6月末に、島はアメリカ軍の師団単位の包囲、砲撃を受け守備隊二千五百人が全滅した。

その次の日の朝日新聞のトップ見出しは、

「アッツ島に皇軍の神髄を発揮」である。

これが新聞の一面に横に大きく書かれている。

しかし、これでは何が起きたのか分かる人はいないであろう。

日本軍の全滅を伝えるのに、皇軍の神髄を発揮とは――。

二番目の見出しでやっと

「山崎部隊長全将兵　壮絶夜襲を敢行玉砕」

とある。ここでやっと日本軍が全滅した事が判る。判るというより玉砕という言葉をそれまではほとんどの日本人は聞いたことが無かったという。

新聞記事はそれだけではなかった。そのあと

「敵二萬・損害六千下らず」

「一兵も増援求めず。谷萩報道部長放送　戦陣訓を実践」

といった見出しが並ぶ。報道部長が全滅を発表したのだが、新聞はいかに日本軍が勇敢にたたかったかが報じられている。本文を読むとそれがさらに強調され、また今後、国民の銃後の発奮が鼓舞されている。後に判った事だが、「一兵も増援を求めず」という意味は、アメリカ軍の接近を事前に知った日本軍は、山崎部隊長が増援部隊の派遣や海軍の応援を求めたにもかかわらず、軍の「事情」があって援軍は派遣できない事になり「あとは最後まで使命を全うされんことを！」と打電している。これに対して山崎部隊長は「状況はよく分かった。最後の一兵まで戦う」と返事をしている。事実上の「全滅の命令」と、「承諾」である。

またこれものちになって、現場にいたアメリカ軍の中隊長が、最後は山崎部隊長以下十

数名がゲートルを繋ぎ合わせて紐にして、みんなが数珠つなぎになって日本刀かざして我々の陣地に走ってきた」と証言している。まるで自殺行為、また愚かな戦いであった。しかし日本の新聞は山﨑隊長の武勲をたたえて賛美している。「戦陣訓を実践」と。長くなるのでやめるが、これが戦争中の新聞報道である。

戦後日本軍がいかに悪かったかを繰り返し言う人がいるが、そうではなかろう。杉山吉良のアッツ島陣地構築の記録をみると、兵隊たちが隊長を先頭に、如何に助け合って協力し、雪の山を登り、陣地を作ったかが伺える。

本来は日本人はお互いに思いやりがあり助けあう民族である。（震災後の東北や能登半島の例を見れば明らかである）本当に悪かったのは日本軍ではなく新聞ではないか。このようにして国民を煽り、戦争意識をたかめ鼓舞し続けたのはほかならぬ新聞である。大本営発表に負けないくらい新聞が国民を煽ったのである。

大本営が発表したのは事実、中国においては「人民日報が発表したのも」が事実である。それをそのまま報道するか、解説を加えるかは受け取る側の問題である。多くの日本人が、中国に行き向こう側の説明を鵜呑みにした。

これらを考えると、新聞も、そして「事実」を大切にする学者も、誰かが、真実かどうかは別として、公の場で発表したり、書いたものを公表したものでないと信じないということだ。

学者は何かといえば、一時資料かどうかを吟味する。それも大事だが、中国の多くの国民が文革中、どのような状況であったかを、誰かが文字にして公表し、あるいは記者会見で述べてくれないと「憶測」では記事や研究論文にできないのだ。読者や視聴者は、それで大きな錯誤を生むのである。

それは今でも変わっていない。学者やマスコミは、共産圏の庶民の生活実態をまったく伝えていないことについては、昔と変わらないのだ。何かといえば「共産国は一党独裁」だからという。それですべてを済ませている。しかし多くの人は一党独裁政権をどれだけ知っているだろうか。単なる「国会」で政権を取っているのが共産党だけだ、と思っているのではないか。

たとえば町内会の班長が共産党であったり、少し大きなスーパーや百貨店などの店長の上に、さらに共産党員がいる。学校の校長の上にも。町のあらゆる組織の上に共産党から派遣された幹部がいる。工場や、お役所のすべてのトップは共産党員がいるのだ。その人たちが法律などに関係なくさまざまなことを指示する。あるいは勝手に命令を出す。しかもその人たちが高学歴であり、いい人であればいいがそうでない場合は大変なことになる。告げ口が横行。密告社会である。隣人も信用できない。そういった社会を外の人間は想像すらできないだろう。

一度共産社会に暮らした人間は、必ずや逃げ出したくなるのはそのせいである。かつて共産中国が成立したあと、何十万という人間が香港を目指し、さらに外国に逃げ出したのはご存知だろう。かつてその難民の話を聞くために内閣調査室から毎年香港に派遣された人の話を詳しく聞いたことがある。また戦後、外モンゴルのウランバートル中央ラーゲリに十年間囚われた十人の日本人のうちの一人が、帰国後社会主義モンゴルの庶民の実態を詳しく「内調（内閣調査室）」に報告した膨大な記録を読んだことがある。政府は戦後すぐに社会主義国の実態をすでによく知っていたのだ。知らなかったのは学者と、マスコミである。

このような実態を中国政府が公式に発表するはずがない。したがって学者はそれを論文に書けないのだ。「一次資料」がないと日本のマスコミも、学者もそれを公表することができないのだ。

最近は少しずつそれに気づいて、署名記事も出てきた。これで個人の見解が少しは書けるようになってきたのは望ましい限りだ。記者会見と「社」との間の単なるメッセンジャーボーイでない、ジャーナリストが誕生する下地が少し開けてきたのだ。アメリカの新聞雑誌は、以前から署名記事で、個人の見解を書き、それぞれの記者やライターにファンがいるくらいだ。もちろん文章の責任は個人が持つ。社ではない。

文革中、多くの新聞社が北京から追放される中、フランスの通信社ＡＦＰは追放されても追放されても、「個人」の契約社員を次々と中国に送り込んだのは有名な話である。「社」を代表しては何もできない、何も書けないのだ。

多くの学者や、多くのマスコミがこのようにして、大東亜戦争や文化大革命を誤って伝えたのである。

そういった意味でこの『現代中国事典』はさまざまなことを教えてくれるのである。かつて毛沢東や金日成を信じていた学者やマスコミは、今どうしているのであろうか。全くそうした反省をすることなく、いまだに中国政府があぁ言っている、こう言っているとメッセンジャーをやっている人が多い。明日はどう変わるかわからない。『現代中国事典』の中にあるさまざまな用語は誰もその実態を伝えないまま今や死語になっている。「人民公社」「大躍進」「長征」「孔子批判」・・・。

戦後多くの学者や、新聞社が共産国を見誤ってきた。『現代中国事典』はそのことを明確に教えてくれるのである。


（ほそかわ・ごこう、ノンフィクション作家）

人間が分る、社会が分る、人生の指南書

小島　明

⑦『ガリヴァー旅行記』

——ジョナサン・スウィフト著
平井正穂訳

（岩波文庫）

小人の国でたくさんの小人たちに取り囲まれ体を縛り上げられて横たわっているガリヴァー、身の丈10数メートルもある巨人たちの国に漂着し今度はガリヴァーが小人のようになり、おもちゃにされた話は誰もが絵本や動画で見たことがあると思います。自分自身も子供向けのおとぎ話だとの印象を持っていました。ところが、ある時、岩波文庫の『ガリヴァー旅行記』を読み返し、これは全く子供向けどころではなく、大人の社会を痛烈に風刺した物語であることを実感しました。

ヨーロッパでも20世紀には子供向けと思われていましたが、今では偉大かつ不朽の風刺

文学であり、これまでに書かれた最高の政治学入門書だと評価されています。法律をめぐる判例上の対立、醜い権力闘争、弱者の権利、長寿・不死の追求、科学技術の利活用のありかたなど、私たちが今日抱え、模索もしている数多くのテーマがこの300年近くも前に書かれた本書で予見され、洞察されている力作であり、今こそ読むべき人生の指南書ではないかと痛感します。

初版は1726年に出版されました。出版直後から人気を博し、現在に至るまで版を重ね続けています。

作者は1667年生まれのイングランド系アイルランド人、ジョナサン・スウィフト。風刺作家、詩人であり、プロテスタント系キリスト教の牧師でもあります。本書の正式な題名は、『船医から始まり後に複数の船の船長になったサミュエル・ガリヴァーによる世界の諸僻地への旅行記四篇』。子供向けのおとぎ話として受け止められたのは4篇のうち第1篇「リリパット国（小人の国）渡航記」と第2篇「ブロブディンナグ国（巨人国）渡航記」。

しかし、この2つの篇にも大人への教訓がいっぱい盛り込まれています。例えば、詐欺の方が盗みより重大犯罪であり、死刑を科すべきこともあると言っています。理由は、だれでも用心し警戒していれば泥棒から財産を守ることはできるが、ずる賢い者による信用取引などの詐欺行為は防ぐのが難しく、それを大目に見たり、法律でも罰せられないとなると正直者が損をし、悪党の方が得ばかりして、社会の信用制度は崩壊しかねないからだと論じています。また、人を採用するときは能力もさることながら、「有徳の士」であることが肝要だと強調しています。

国家に対する犯罪は死刑となるが、告発された人間は裁判の場で無実をはっきり証明できれば、今度は告発者が死刑に処せられる。それだけでなく、無罪となった人の時間の損失、被った危険、獄中での苦しみ、弁護に要した費用に対し、都合4重の賠償金が支払われる。もし財産が不足なら、王室の財産から充分支払われ、その潔白を市内全域に布告を通じて周知させる、と述べています。日本における冤罪問題でも、真に人権を守る、こうした発想が必要ではないでしょうか。

子供向けのおとぎ話の発想では取り上げられない第3篇にある「ラグナダ航海記」に出てくる「不死人間」の話は大変示唆的です。これは400歳になっても700歳になっても死なない、突然変異の不死人間の話です。

多くの人が不老長寿を希求します。徐福という中国人をめぐる興味深いエピソードがあります。紀元前、日本の弥生時代に中国から渡来した方士で秦の始皇帝の命により日本で不老長寿の薬（長生不老の霊薬）を探すため、日本各地を回りました。司馬遷の『史記』にも彼の名が出ていますから実在の人物です。日本にいろいろ文化をもたらし、歓迎され、徐福神社も建てられています。また、徐福研究家も日本にたくさんいるようです。

大きな島国、ラグナダ大国に着いたガリヴァーは不死人間ストラルドブラグの噂を聞き大変喜んで、是非とも会いたくなりました。彼は、こう思いました。もし、自分が不死人間に生まれたら知恵をしぼり、すべての手段を尽くして富を得ようとし、２００年もすれば王国きっての大金持ちになれる。若い時から学問や芸術の道に精進する気持ちを持っていた自分としては、他に並ぶもののない大学者になれるに決まっている。知識と知恵の生きた宝庫となり、国民を指導する神話的な存在にさえなれる、と確信しました。

憧れの不死人は突然変異で非常に稀に生まれ、男女合わせて全国で１５００人くらい、首都に住んでいるのはせいぜい50人程度。是非彼らに会いに行きたいと言うガリヴァーに村人たちは行かない方がいいと口をそろえました。でもガリヴァーは振り切って出かけました。

結果は、大失望でした。不死人間は「不死」ではあるが、「不老」ではありませんでした。みな老衰から逃れることはできない。いずれ体も目も耳も衰え、集中力も記憶力もなくなる。容貌はどんどん醜くなる。世代が変わるにつれ言葉が通じなくなる。歳をとった結果、積み重なった〝無駄で強大な自尊心〟が生まれ、周囲を見下す低俗な人間になり下がる。自分の国に住み続けるが世間から厄介者扱いされ、まるで異邦人同然となる。80歳で法的には死者として扱われ、ひたすら老いさらばえていくだけとなる。そんな彼らが心底嫉妬感を抱くのは死ぬ人間の葬式を見るときだという。ガリヴァーは、死はむしろ人間に与えられた救済なのだと思うようになったという。

ガリヴァーはこの第3篇で、日本について、「歳をとった挙句に死を迎えようとする瀬戸際になっても、なおもう少し死ぬのを先に延ばしたいと一人残らず願っているのを見た」と書いています。なお、ヨーロッパの近代文学作品で日本が登場するのはこの『ガリヴァー旅行記』が初めてだと言われます。その時の日本は江戸時代。鎖国の時代でした。ガリヴァーは日本に行きたいと思い、当時出入りを許されているオランダ人になりすまして、日本入国を実現しました。ナングサクという地名が出てきますが、それは長崎のことでしょう。そこでオランダ人は例の踏み絵を踏んでカトリック禁制をクリアしましたが、ガリヴァーは役人と掛け合って踏み絵を踏まずに済ませることができました。幕府の役人は踏み絵をしたがらないオランダ人は珍しいといっていましたが、ガリヴァーは踏み絵までして商売をしようとするオランダ人を魂を売った連中だとして馬鹿にしていました。

また、ガリヴァーは船旅で何度も難破したり、海賊に襲われたりしました。海賊船にはオランダ人や日本人が乗っていましたが、ガリヴァーは日本人のことは好意的に書いています。オランダ人の海賊はいつも敵意と悪意に満ち満ちた存在として描かれています。なぜ、海賊でも日本人が好意的な紹介されているか不思議です。

その日本は今、世界で最長寿国です。100歳を超えた人は9万2000人余。もちろん世界一です。1963年に、ちょうど100歳になると総理大臣からお祝い状と純銀の盃が贈られることになりました。ところがその時の対象者は150人程度でしたが、近年どんどん増え、また国の財政は危機的にひっ迫してきたことも加わり、2016年度から盃は純銀でなくメッキの盃に変わってしまいました。

日本の政治状況はシルバー・デモクラシー（高齢者優遇民主主義）だと言われます。つまり、有権者に占める高齢者の比率がどんどん上昇し、また若い世代と比べると実際に投票所に行く人の比率が高齢者のほうが高く、結果として政治は高齢者優先になっています。実際、令和3年の衆議院議員総選挙での投票率をみると20歳代36・5％、30歳代47・1％なのに対して50歳代63・0％、60歳代71・4％、70歳代以上61・9％です。

また、近年の政治家のメンタリティは4「だけ」、つまり、「自分だけ」、「今だけ」、「口先だけ」、そして「選挙だけ」、ということのようです。財政収支や少子高齢化に絡む問題は大変長期を見据えた対応が不可欠ですが、「選挙だけ」政治ですと、選挙までに結果がでる政策しか政治家は発想しません。10年、15年先には大きな成果が生まれる施策でも当面痛みを伴う施策はとられません。「選挙だけ」政治は、投票率が高い有権者層、つまり高齢者層の声にばかり耳を傾ける傾向を強めます。結果として目先痛みを伴う構造改革、制度改革は「口先だけ」で将来世代に〝丸投げ〟される傾向にあります。日本は国政選挙の頻度は世界でも高い国です。その結果、残念ながら、政治が目先的になりがちです。

私自身の個人的なことですが、実は70歳になったとき、「尊厳死協会」なるグループの会員になりました。これは延命治療を返上し、自然な天寿に従うことを宣言するグループです。単なる延命だけの医療対応は、本人を苦しめ、家族を苦しめ、国全体の負担を増大させ、その付けは将来世代に丸投げになりますから、負担をさせられる若い世代から夢を奪いとってしまいます。

ガリヴァーの不死人間体験は、延命、延命の日本に死生観をしっかり持つよう示唆しているように思います。

そういえば、人気アニメ、『鬼滅の刃』を見たとき、これも子供向けだけの作品ではないと思いました。鬼と主人公炭治郎らが戦っている時の対話です。切られてもすぐ再生される鬼が問いかけます。「お前も鬼にならないか。人間だから老いる。死ぬ。鬼になろう。そうすれば100年でも200年でも鍛錬を続けられる。強くなれる」。それに対して炭治郎が言う。「老いることも、死ぬことも、人間というはかない生きものの美しさだ」。剣士、煉獄もきっぱりと言う。「老いるからこそ、死ぬからこそ、たまらなく愛おしく尊いのだ。強さというものは、肉体に対してのみ使う言葉ではない」。

ついでに思い出すことはわずか4年間で廃業となったアミューズメントパーク「富士ガリバー王国」です。1997年に、山梨県西八代郡上九一色村（現在の南都留郡富士河口湖町）にガリヴァーをテーマとして設置されました。広さざっと37万平方メートル、園内に45メートルのガリヴァーが横たわるガリバー島や牧場、ボブスレーのコースなども設けられました。しかし、開園当初からオウム真理教のサティアンが近くにあり、その跡地と誤解されたり、交通の便が悪かったり、経営主体の新潟中央銀行が破綻したこと、などが重なって2001年に閉鎖されました。でも、このパークには子供向けのガリヴァーの一部の話しか取り上げられていませんでした。

作品第3篇には不死人間の話のほか、漂流中にガリヴァーを助けた巨大な「空飛ぶ島」ラピュータでの体験記も出てきます。この「空飛ぶ島」は、『千と千尋の神隠し』や『となりのトトロ』などで世界的に知られるアニメ監督、宮崎駿に発想のヒントを与えました。作品『天空の城ラピュタ』がそれです。ただ、「空飛ぶ島」でもガリヴァー旅行記のラピュータの世界とは全く違う物語です。それでも、300年近くも前の作品がモダンなアニメのヒントを与えていることは感動的ですね。

時代を超えて読まれる作品は「古典」といわれてます。この古典の意味が「軍艦」だったということを哲学者でダンテ研究の世界的な権威だった故今道友信さんから教わったことがあります。彼によると、古典（クラシックス）は軍艦を意味するラテン語の「クラシカス」に通じ、国の危機に軍艦を寄付できる人をそう呼ぶようになり、後に人間の精神の危機を乗り越えるときの決断力、底力を与えてくれる作品をそう呼ぶようになったそうです。古典は人の魂の力であり、人、社会の課題への示唆を与えてくれるものなのです。『ガリヴァー旅行記』は、その意味でまさに「古典」だと言えます。だから、読み返すたびに新しい視点、発想を与えてくれます。私自身、最近、時間があると昔読んだ古典と称される本を読み返しており、新たな発見もして楽しんでいます。

作品最終篇の第4篇「フウィヌム国渡航記」は、馬の姿をした知的、合理的で高貴な種族、フウィヌムの社会での体験話です。この中に、ヤフーという邪悪で汚らしい毛深い動物が出てきますが、ガリヴァーはフウィヌムの社会が理想的な社会だと思い、醜さを漂わせるヤフーを引き合いにだして人間社会、とくにイギリス社会を辛辣に批判していると思われます。

人間が理想とすべきフウィヌムの社会では嘘はなく、「疑う」とか「信じない」ということとはほとんど無縁な社会だとして描かれています。そしてガリヴァー自身はフウィヌム達の議会で、知恵、理性はあるがヤフーと同類の動物だと断じられ、ヤフーを害獣として淘汰するというフウィヌム社会の政策のもと、処刑されるかフウィヌム国を出ていくかの選択を迫られ、結局、帰国する道を選びました。しかし、ガリヴァーは帰国してからも知的でお互いを信じあえるフウィヌムとの思いでを大事にしたということです。

なお、著者のスウィフトは文人、詩人、政治論者などとして栄光を求めようとしましたが、結局不本意ながら得たものが聖職者の地位でした。聖職者としては46歳の時、英国国教会に属するダブリンの聖パトリック聖堂の主任牧師という、かなり高い地位につきました。しかし、牧師になってからもしばしばロンドンに行き、各方面の人々と接触を保ちました。スウィフトはガリヴァー（「愚者」という意味です）という人物を生み、いろいろ荒唐無稽な国における数奇な体験や見分を語らせています。スウィフト自身はロンドンへの往復以外がほとんどダブリンにおり、旅行記に出てくるような国々、島々を旅したことはなく、すべて想像、空想によるものです。ガリヴァー旅行記を著わす何年か前のダニエル・デフォーによる空想旅行記『ロビンソン・クルーソー』が世間で絶賛されていたことも『ガリヴァー旅行記』執筆のきっかけになったのかもしれません。

古典の価値は、今道さんが指摘した通り、私たちの魂に力を与えてくれることでしょう。気楽に読み、気が向いたら読み返す。そこから、新しい発見、気づきが得られます。『ガリヴァー旅行記』も、読み返して、いろいろな気づきがありました。

（こじま・あきら、アジア・ユーラシア総合研究所代表理事・東洋大学理事）

「平和」の実現に必要なのは「戦争」への想像力

石井　慈典

⑧ 『記録　ミッドウェー海戦』

澤地久枝 著

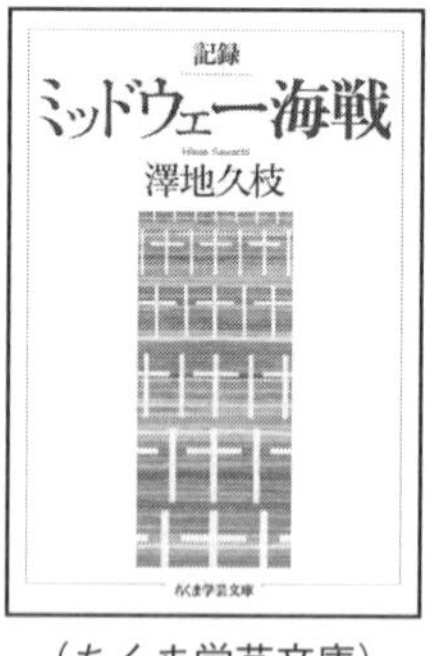

（ちくま学芸文庫）

先の大戦が終結して、昨年で七九年が経過した。戦後の日本は、一貫して平和国家の道を希求し、経済的な繁栄も享受した。三〇〇万人余の国民が戦禍に倒れ、その甚大で、尊い犠牲の上に、今に生きる私たちに与えられた平和と繁栄である。

今回、取り上げる澤地久枝氏の『記録　ミッドウェー海戦』（第34回菊池寛賞受賞作品）は、歴史学者の著作ではなく、作家の大作であった。その書には、歴史上の有名人物の名前はほとんど出てこない。約7年という長い歳月かけ、日米両軍の戦死者３４１８人、一人ひとりの人物像を明らかにした貴重な書である。そこには、国家の命令で戦った、ないしは志願して祖国に命を捧げた将兵ひとり残らず、氏名、出身地、年令、学歴、階級、軍歴、軍務に従事する前の職業等が書かれている。殆どが歴史上その名を残さない一般の兵士たちであり、十代後半から二十代の若者たちが中心である。祖国のために命を捨てる覚悟を前提として職業を選択した職業軍人はむしろ少なく、都市や農村でそれぞれの職業を持って生活する一般の市民がほとんどであった。当然、祖国とそこに暮らす家族を守るために戦った人もいるであろうし、戦地に行きたくないという本心を隠し、義務を果たすべく戦陣に赴いた人も多かったに違いない。本書では、戦死者の遺族への手紙やインタビューを通して聴き取りした内容も収載され、戦死した一人ひとりの人物像によりリアリティを与えている。戦死した３４１８人が、数字だけでは単純に語ることができない、一人ひとりの人格が浮かび上がってくる。そこに日本とアメリカの違いはない。澤地氏がいかに膨大な時間と労力を費やしたかが覗えるとともに、氏なりの歴史に対する高い志と強い思いを感じずにはいられない書なのである。

ミッドウェー海戦は、太平洋戦争において日米の優劣が逆転し、戦局の転換点となった日米両国の歴史にその名を残す一大海戦であると一般的には語られる。日本は、虎の子の海軍機動部隊の正規空母四隻を一挙に喪失するという大敗を喫し、以降、敗戦に至るまで海軍は敗退を重ねていく。一方、アメリカは緒戦の連敗を挽回し、攻勢に打って出るきっかけを得た。しかし、日米両軍の戦死者とその家族が受けた傷は、勝敗には関係なく絶望と悲しみでしかなかった。

この海戦は、日米両国史にその名を残す海戦であったことから、殊に日本においては戦後様々な著作が生まれ、度々映画として映像化されてきた。ところが、この海戦は、戦局へのインパクトが大きかったせいか、私たち一般の市民レベルには、外形的な事実や、戦局における位置づけといったことしか伝わっておらず、この戦闘の内実はあまり触れられてこなかった。

国家は国策によって、多くの国民を戦地に送っておきながら、誰がいつどこで戦死したのかさえ、完全に把握していなかったし、しようともしてこなかったのである。この歴史的大海戦における日米両軍一人ひとりの戦死者を明らかにするという偉業を成し遂げたのは、日米両政府でも、歴史学者でもなく、市井の作家・澤地久枝氏だった。

澤地氏は、「戦争は良くない」とは思っていても、「戦争のことは何も知らない」といった自身の心の中の矛盾から、「戦争の実態を明らかにしよう」と取り組んだ一つが、日米両軍の戦死者3418人の一人ひとりの足跡を突き止めることであった。私たち今に生きる国民の多くが「戦争は良くない」と思っているはずである。が、今に生きる私たちは「戦争のことは何も知らない」のであり、澤地氏は戦争を知らない私たちに「戦争とは如何なるものか」を市民の目線で伝えようとした作品がまさに本書であった。

昭和20年（一九四五）年3月の東京大空襲の死者は約8万4000人と伝わり、その後の沖縄戦では日米両軍で約20万人、広島と長崎両都市に投下された原爆では約21万人（当年中）が死亡した。ミッドウェー海戦はそれに比べて非常に少ない3418人の戦死者に過ぎない。しかし、澤地氏は、戦死者の少ない戦いでも、戦地に送り出した家族にとっては、自身が戦争の犠牲になることは勿論、家族の一人が死ぬことの甚大さをこの書を通じて伝えたかったに違いない。日米にとって歴史上重要な海戦であったミッドウェー海戦を題材に、「戦争とは如何なるものか」を私たちに伝えようとしたのである。日米両軍の戦死者の遺族を通じて、戦地に赴いた兵士から家族宛の手紙、戦死者の人となり、家族の一人を戦地に送った家族の気持ちなど、丁寧に辿り、戦争と向き合う一般的な国民の心情は、国の違いを問わず、今に生きる私たちにも通じるものがあるからだ。

今、わが国における重要な国策の一つに挙げられるのが、安全保障の問題である。日本国憲法第九条の改正が叫ばれて久しい。戦争を経験していない世代が大勢を占める現下のわが国の世論も、戦争を経験した世代が多かったかつてとは異なる論調が支持を得始めてきている。戦争をしないまでも、戦争ができない国では安全保障はおぼつかない、といった論調である。戦争の実感がない人々の戦争に対する危機感や想像力は薄い。私たちは、自分自身が戦争に直面することや、家族の誰かが戦地に送られる、戦争で死ぬ、といったことをイメージできないのである。人類は、時代が変われば過去の痛みを忘れ、破壊と復興という歴史を繰り返してきた。またわが国が戦争に巻き込まれる未来があるかもしれない。そのとき、戦争に対する国民一人ひとりの判断、国家として判断するときに、過去の戦争の外形的な部分ではなく、自分や、大切な人々が犠牲になることを思い出してほしいのである。私が本書を後世に伝えるべきだと考えるのはまさにここにある。

澤地久枝氏が、この書を一言で表した言葉がある。「戦死者はよみがえる　一人の死者も忘れず」。戦争とは、私たち国民にとって如何なるものなのか。私たち一人ひとりが戦争の当事者にならざるを得ない現実をこの書は伝えてくれている。これからの世代を担う若者たちには、ぜひ本書を紐解き、戦争の現実を知り、それぞれ独自の戦争観を育んでほしいと思う。

（いしい・よしのり、横河レンタ・リース株式会社人事総務部長・社会福祉法人滝乃川学園理事長）

第三章

音楽

5篇

「音」と「音楽」の境界線を探して

蓼沼　明子

①『音楽の基礎』

芥川也寸志 著

(岩波新書)

この本のタイトルを一瞬目にしただけで、おそらくはその内容を読む気になれないのではないかと想像します。私も音楽を生業としていなかったら、おそらくは、目にも止めなかったかもしれません。しかし、中味は基礎の範囲を超えて幅広い音楽の捉え方を紹介しているので、クラシック音楽に馴染みがなく少々堅苦しいジャンルと敬遠しがちな人にも、導入としてはわかりやすく興味を持っていただける本ではないかと思います。ですから、まずはそのタイトルのハードルを超えていただき、もう少し先までお付き合いいただければと思います。

まずこの著者を紹介します。芥川也寸志さん。私が小学校高学年か中学の頃にテレビによく出演されていて、黒柳徹子さんと和気あいあいとクラシック音楽をやさしく、わかりやすく紹介する番組に出演されていました。おしゃれなファッション、ダンディな方で、柔らかな笑顔でわかりやすい解説をされていた印象があり、当時は多くの人に人気があったと思います。こうした音楽番組のなかの一つには、今も続いている『題名のない音楽会』や、わかりやすい解説つきの音楽番組はいくつかありますが、お茶の間で親しみを持って音楽を語る先駆的な存在の芥川也寸志さんが、日本を代表する作曲家であったことは後に知ることとなり、毎回視聴しなかったことがいまとなっては悔やまれます。

芥川也寸志さんは、この苗字からお察しいただける方もおられると思いますが、高名な作家、芥川龍之介の三男です。その血筋なのでしょうか、芥川さんの文章はひじょうに洗練されていて、その表現が実に巧みなのです。音楽は歌詞のついている歌曲以外、言葉のない音の羅列ですから、これらを言葉にすることは難しいのです。よく音楽評論家とか演奏に対する批評家の文章を目にしますが、難解であるか、抽象的であるかで、けっして読みやすいとは言えません。ところがこの本では、よくぞここまで心地よく言語化して音楽というものを細かく伝えられたものだと感心いたします。また言語だけでなく、具体的なデータを駆使して科学的根拠で考察している箇所もあり、楽譜の転記や図解も的確なので、ちょっとした科学雑誌にも引けを取らないかもしれません。多角的に音楽を理解しやすくまとめられており誰もが読みやすいのではないかと思います。

そもそも音楽とは何を指すのか？　音楽と一言でいってもジャンルは種々さまざま。風や雨などの自然現象、鳥の声や叫び声や足音や生活音、等々聞こえてくる「音」といわゆる「音楽」と認識している分野との境界線はどこにあるのだろう？　そんな疑問もこの本によってあらためて見つめ直すきっかけとなりました。

私は幼い頃からオーソドックスな音楽教育でピアノを弾いてきました。そのため、早いうちから、楽譜から言語のように音楽を読み取れるようになっていました。そのかわり、私たち楽器を扱う人間は言葉を語るのが苦手なことが多いように思います。喋るより弾いちゃったほうが自分としては手っ取り早いのです。むしろ語れないからこそ音楽なのだ、などと開き直っているところもあります。けれども、私がこの本と出会って、長年身に染み込んだ音楽の常識が崩れ落ちたのです。

この本はもちろん私の専門であるクラシック音楽の基礎を紐解くために書かれてはいますが、その世界にいると見失ってしまう数々の視点が見出されるのです。例えばクラシックでは当然誰もが利用している楽譜です。何よりも驚いたのは、楽譜は未だ完全なものはひとつもない、とこの本は断言しています。しかし確かにそう、鼻歌、心に思いつくメロディならば、何拍子の何調で何の音、などと思わないで口ずさみます。実際、ドレミで表す音にはまらない音程もあり、周波数では何とか示すのは可能であっても楽譜に表すのは不可能な音もリズムも存在します。この本では音、リズム、速さ、強弱などできる限り細かく解説してありますが、いわゆる五線譜におさめるのは限界なのはもちろんでして、古い時代や世界中の五線譜以外の記譜法も紹介しているのは興味深いことです。当然楽器や地域によって発音が異なるため世界の地域によって異なる音階やリズムの紹介もされているのです。本を読み進めるうちに、美空ひばりさんのような大衆音楽のジャンルの人たちのほうが肌身で自由に音楽を捉えているのかもしれないと感じ、自身の無力さを覚えました。

ではあなたにとっての音楽は何？　と訊くと、人によって思い描く音楽も種々多様なものに分かれるでしょう。それならば単なる音と音楽との違いは何でしょうか？　もちろん自然の中の鳥のさえずりや風の音や海の波風を音楽に取り入れている作曲家もいます。メシアンという作曲家はさまざまな鳥の声を採譜して作曲したのは有名な話です。また、生活音のたとえば車のエンジンをかけ加速する時の音、大工仕事の規則的なリズムも音楽に近いものではあります。ではどの時点で音ではなく音楽というカテゴリーに入るのでしょうか？　少し脱線しますが、英語で a few という言葉を習った時に、日本語では「少しの」、「二、三個ぐらいの」という意味だと教わりました。この言葉の場合、二、三のどちらかというと三に近いあるいは三以上の少量なのではという感覚が私にはあります。音楽はこの a few の状態ではじめて存在し得るものだと私は考えています。作曲する、演奏する、聴く人が孤立した状態ではなく、ある人数に伝達した時に音符が音となり、音の集合が音楽となり演奏が成り立つのではないだろうか。このことを本のなかで、芥川也寸志さんも語っています。「私たちの内部にある音楽とは、いわばネガティヴの音楽世界であり、作曲する、演奏するという行為は、それをポジティヴな世界におきかえる作業にほかならない。音楽を聴こうとする態度もまた、新たなネガティヴの音楽世界の喚起を期待することであり、作り手→弾き手→聞き手→作り手という循環のなかにこそ音楽の営みがある。」

最後に、『音楽の基礎』の核心だと思ったことはじつは冒頭の部分にあり、そのことについて述べます。この本では、まず「静寂」という項目からこの話は進みます。音楽のはじまりは静寂なのだと。『音楽の基礎』というタイトルなのにはじめが音に関してではなく静寂を置いているのは不思議に思えます。音が鳴る瞬間がスタートなのではなく、静寂、つまり無音から音が生まれてくる瞬間が音楽の物語のはじまりなのだというのです。これを読んだとき、ピアニストであり指揮者でもある偉大な音楽家が同じことを書いた文章を思い出しました。彼は「沈黙」という言葉を使っていました。「沈黙から始まり沈黙で終わる」。このことは、音楽家を目指す人が目先のテクニックや表現に夢中になっている段階では頭に浮かびにくいものです。しかし、無音は音楽にとって必要不可欠な、いわば呼吸を生む瞬間を待つ間なのです。少し大げさですが、人の一生にも近いかもしれません。生まれる瞬間は無力でいながら産声を上げてはじめて命がスタートする。そして、生を終える瞬間また無力に帰る。その無力と無力の間に人の一生の壮絶なドラマがあるように、音楽も静寂と静寂の間にさまざまな形の展開や感情のドラマがあるような気がします。

音楽が人生のドラマに例えられるとすると、そのドラマは世界中に、また数多くのジャンルを持つのです。ドイツを中心としたバッハやベートーヴェン、ロマン派のシューマンやブラームス。ポーランドのショパン、フランスのドビュッシーやラヴェル、スペインやアルゼンチンなどラテンには独特のリズムがあるし、イタリアオペラのベルカントは人間離れした声が大ホールに響き渡ります。ロシアや東欧には重厚なハーモニーと哀愁のメロディがあるし、アフリカや東南アジアには原住民の生命と宗教的高揚感を掻き立てるような太鼓や笛の音が鳴り、東洋にはヨーロッパとは違った音階もある。まだまだすべては網羅されてはいない開拓されていない未知の音楽はたくさん潜んでいるのかもしれません。この『音楽の基礎』は、現存し認知されている音楽を丁寧に紐解きながらも、未来に向けて発展していく音楽の将来像も時折語っています。音楽の歴史と未来を具体的な言語で表現し充分に認識するために、なくてはならない一冊であるといえるでしょう。音楽を志す人、音楽の好きな人であるならば、もちろんですが、そうでない方々にとっても、音楽のもたらす影響がけっして音楽という枠のなかに留まらないということを知っていただければと切に思います。私はこの一冊を自らの内に秘めて、音楽をお届けできたらと思います。

（たてぬま・あきこ、ピアニスト）

坂本龍一を知るこの一冊

②『坂本図書』

——坂本龍一 著

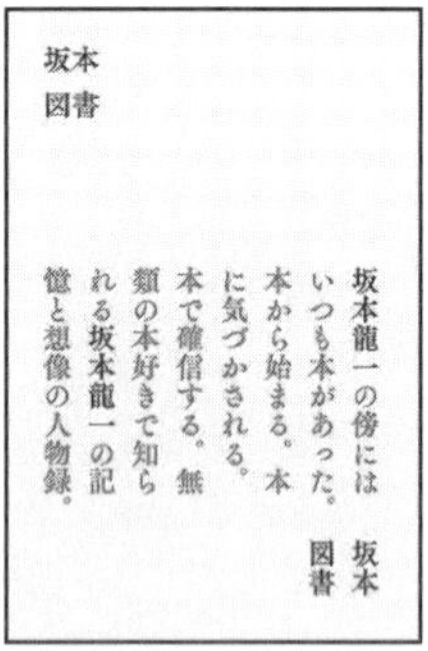

（一般社団法人坂本図書）

宇佐見 義尚

坂本龍一を知る集大成的な一冊

本書は、2023年3月28日に死去した坂本龍一氏の読書実践の一端を伝える、最も「坂本らしさ」を表現すべく編集された稀有な一冊です。本書は、坂本の死から三カ月後の6月に刊行された『ぼくはあと何回、満月を見るだろう』（新潮社）に続き、同年9月に「一般社団法人坂本図書」のオープン（都内某所＝非公開）とともに、坂本をよく知る人々によって刊行されました。

本書には、坂本が『婦人画報』（ハースト婦人画報社）の２０１８年から２０２２年に連載した「坂本図書　第1回〜第36回」を再編集した原稿、「坂本と安彦良和氏」「坂本とウサビ・サコ氏」の二本の「特別対談」録、２０２３年に新たに坂本が選書した10冊をめぐっての坂本と鈴木正文氏との「会話」録、及び「坂本龍一年譜」が収録されています。

いわば本書は、その内容構成から坂本死後の現段階における坂本龍一の本質を知る集大成的な一冊であるといっても過言ではありません。坂本が選書した36冊の解説文を通じて描写された各著者の「人物論」と坂本が死去する20日前（２０２３年3月8日）に行われた「坂本と鈴木正文氏」の「会話」録で取り上げられた10冊に対する坂本の読書感によって、坂本と本（読書）の関係の核心を知ることができます。坂本にとって、いかに「本」と「読書」と「坂本自身」が、坂本の人生（人と業績）に強い影響をもたらしたものであったかをはっきりと教えてくれる一冊になっています。この意味で「本」と「読書」が、坂本をして「世界的音楽家」「栄光」「坂本教授」「新しい音楽」「時代に爪痕を残す、編集者・活動家」などの数々の賛辞と輝かしい受賞歴（本書に収録の年譜参照）につなげていった土台の一つになっていることが分かります。まさに「本」と「読書」の力、恐るべしです。坂本は、「本」と「読書」と「自分」の三位一体によって作られる「生きる力」を、最も成功裏に発揮できた世界的なスケールの人物の一人といえるのではないでしょうか。そのことを証明すべく本書は作られたというべきでありましょう。

編集者によると思われる本書の帯書きに書かれた以下の文言は、坂本の人物像の一端を知るための表現として、まさに言い得て妙な至言でありましょう。

坂本龍一の傍には
いつも本があった。
本から始まる。
本に気づかされる。
本で確信する。
無類の本好きで知られる
坂本龍一の記憶と想像の人物録。

本書をあなたにお勧めしたい理由は、三つあります。一つは、本書によって坂本龍一という人物の存在を広く深く知ることができる。一つは、本書によって坂本の人物（人生観・人柄・思想）と業績（音楽活動、様々な社会活動）の底流（本質）の一端を知ることができる。一つは、本書を読むことによって坂本についての関心のステージをさらに一段上げていくことが期待できる。その結果として、本書を読むことで、あなた自身にどのような化学反応が起こりあなたの人生を変える決定的な一冊になるのか、ならないのか。それは誰にも知る由もありませんが、少なくても私は本書によって今の私を決定的に変えようとするエネルギーを過激に注入された衝撃に息絶え絶えになっていることを告白しないではいられません。

では、本書の内容に即して、「本」とは何か（本そのものの存在意義）と「本を読む」ことについて坂本が実践した「読書」のあり方、効用、可能性を一つの「坂本論」としてまとめてみることにいたします。

本書によって知ることができる坂本龍一のこの時（2018-2022）の読書内容（本とその著者と坂本自身との関わり）

本書によって表示された著者の英文表示もまた、本書の編集が「坂本らしさ」を最大限に表現したい意図からとするのはあまりの深読みか、いらぬ忖度か。本書に収録されている坂本が選書し読んで解説した36冊の著者の職業は、映画監督 Film director が7名、小説家 Novelist が3名、哲学者 Philosopher が3名、生物学者 Biologist が2名、歴史家 Historian が2名、作家 Author が2名、画家 Painter 1名、芸術家 Artist 1名、美術歴史家 Art historian 1名、作曲家 Composer 1名、東洋学者 Orientalist 1名、言語・仏語仏文学研究者 Suthern French scholar 1名、SF作家 Science fiction writer 1名、文芸評論家 Literary critic 1名、音楽家 Musician 1名、理論物理学者 Theoretical physicist

1名、経済学者 Economist 1名、児童作家 Children author 1名、教育者 Educator 1名、人類学者 Anthropologist 1名、漫画家 Cartoonist 1名、能楽家 Noh performer 1名。

また、「2023年の坂本図書」で紹介された10冊は、坂本が「最近読んでいるという」本で、『鴎外近代小説集 第二巻』（森鴎外）、『漱石全集第八巻 行人』（夏目漱石）、『不合理ゆえに吾信ず』（埴谷雄高）、『夷齋風雅』（石川淳）、『黙示』（宮沢赤黄男）、『日和下駄』（永井荷風）、『意識と本質―精神的東洋を索めて―』（井筒俊彦）、『無門関』（西村恵信訳・注）、『老子道徳経』（井筒俊彦）、『荘子 中国の思想XII』（岸陽子訳）。

坂本による「実務的読書」の一例

坂本は、『草枕』『夢十夜』（夏目漱石）をこう読んでいます。坂本が漱石の『草枕』『夢十夜』を再び読む時は、どのような動機、経緯、そして何を期待して再読する機会を自ら招いたのであろうか。ここに坂本の読書観の一例を見ることができます。

坂本は、当時オペラを制作しており、その制作の過程で漱石の『草枕』と『夢十夜』のことが「気になって仕方がない」と言う。もちろん、「気になる」のは坂本がすでに『草枕』を読んでいるからであって、坂本の脳裏には『草枕』『夢十夜』への「読書」が蓄積されていなければ、そのようなことは起こらない。では、なぜ気になるのかと言えば、漱石の『草枕』の構造が世阿弥の夢幻能の構造で書かれていること、それが「論理的・直線的ではない」ことに坂本が惹かれていて、再び、『草枕』を読むことで制作中のオペラの完成に有力なヒントが得られると直感したからである。つまりこの場合、坂本にとっての読書は、仕事に役に立つからということになる。坂本自身、本書の記述の中で、「本にはいろいろある。見識を高めるための本、新しい情報を得る本、考えを深めるための本、そして楽しむために読む本もある。」「ただ残念なことに僕はこれまで、楽しむために本に接したという記憶があまりない。」「普段読むのは思想、哲学、歴史、社会学、民族学、民俗学、人類学など知識を得、見識を深めるための本」（178ページ）であったと書いています。

坂本による「楽しみの読書」の一例

坂本は、『西游日録』（石川淳）をこう読んでいます。「最近ふと石川淳の『文学の楽しみ』を読みだしたら止まらない。そこに『西游日録』が出てくる。―中略― 読み始めたのだが、これが実に面白い。何が面白いのか。良い文、良い本だからだ。吉田健一も言うように、良い文章を読む楽しみは音楽を聴く楽しみに似ている。―中略― 本も、思想だの神だの人生などとレッテル貼りを忘れて、音楽のように楽しむことができるはず。―中略―僕は石川淳の紀行文をそのように読んだ。楽しかった。そこかしこに、つい微笑んでしまう「おかしみ」があった。こんなふうに本を読むのは初めてかもしれない。とても新鮮だ。哲学や思想書もこのやり方で読んでみると、そこには良い文章とそうでないものがあって、とても違った相貌が見えてくる」（179ページ、上記引用文中の下線の語句は筆者が加筆）。

「実務的読書」と「楽しみの読書」を使い分けて、あるいは両者を融合させて読書の質を上げる試み

坂本は、当初は「実務的読書」に徹していたようです（178～179ページ）が、本書によれば石川淳の『文学の楽しみ』を読む（出会う）ことでまるで開眼されたような、坂本のような一流読書家にして意外なハニカミにも似た謙虚さを吐露しています（180ページ）。それは2020年9月のことですから、坂本が死去する3年前のこと、ここにもまた「坂本らしさ」を思わずにはいられません。「本との出会い、人との出会い、自分との出会い」が口癖であった私の恩師板垣與一（1908～2003、政治経済学者）もまた「本」と「読書」と「自分」との格闘を戦い続けた生涯を全うしてご自分を「戦えるカブトムシ」の一生と称して笑っていたことを昨日のことのように鮮明に思い出します。

「本」を出版すること自体に特別な意味を持たせて、採算を度外視して多くの「本」を出版し続けた盟友川西重忠氏（1947～2019、アジア・ユーラシア総合研究所創立者）もまた「本」と「読書」と「自分」との出会いを探し求めた一生でした。

最後に

読書離れの傾向が続くことに歯止めをかけるべく、「本」に無関心で「読書」が苦手で本を読むと頭が痛くなるという若者に向けて、そうした若者が「本」と「読書」が好きになるような「本」を作るという、いわばそうした矛盾する事態の中で果たして坂本の本書がどれほどの力を発揮するのか、世界的音楽家、坂本龍一を入り口にした「本」と「読書」へのこの「お誘い」がどの程度の効果を持つものであるのか。遠くに一筋の光を見出したい心境を抱いてひとまずペンを置きます。

（うさみ・よしなお、板垣與一記念館館長）

クラシック音楽と読書

最上　英明

③『私の好きな曲』

吉田秀和 著

（ちくま文庫）

私の実家には父が買ったクラシック音楽のレコード（CD以前の音楽鑑賞メディア）がたくさんあり、幼少の頃からクラシック音楽に馴染む環境にあった。１９７１年に中学校に入学すると、吹奏楽部に入部し、その頃からＦＭ放送で音楽番組を聞くことも多くなった。その中に、吉田秀和の『名曲のたのしみ』という番組があり、学生時代を通して長年愛聴してきた。毎週日曜日の朝9時に始まり、「名曲のたのしみ、吉田秀和です」で始まるこの1時間番組、長年の間、日曜日の朝の楽しみであった。

ネットで調べると、放送開始が1971年4月とのことなので、ちょうど私がクラシック音楽を熱心に聞き始めた頃にスタートしたようだ。放送終了が2012年12月、ただし本人が2012年5月に逝去したので、その後は生前の原稿を番組のプロデューサーが代読する形で進められたようだ。したがって、40年に及ぶ長寿番組だったが、私が熱心に聞いたのは、まだ学生だった最初の20年ぐらいだと思う。後年は土曜の夜9時からに放送時間も変更になったようだが、その時間にこの番組を聞いた記憶はほとんどないので、本当に学生時代の愛聴番組だったといえる。

いわゆる音楽評論家と呼ばれる人は昔から数多くいたが、多くは自分の主観だけで演奏を評価し、具体的な判断の根拠に乏しい人がほとんどだった。例えば、レコード評でも「こんな演奏はベートーヴェンではない」などと独断で断定したり、「この演奏には思索の自在性がない」などと意味不明のキーワードで評価したり、まさに言いたい放題とも言える状況だった。そんな中で常に具体的かつ客観的な判断を心がけていたのが吉田秀和で、それが多くの人に好印象を与えていたのだろう。

1970年代前半は、吉田秀和の本もまだ数多くは出版されておらず、『音楽紀行』（1957）、『今日の演奏と演奏家』（1970）、『世界の指揮者』（1973）のような単行本を愛読していた。『世界の指揮者』のような演奏家論では、いろいろな指揮者の解釈やエピソードが満載で、レコード購入の参考にもなった。『今日の演奏と演奏家』は演奏家論ばかりでなく、ブルックナーなどの作曲家の作品論も充実しており、作品を理解する一助にもなった。『音楽紀行』は１９５０年代に欧米で実際に接した当時のクラシック音楽の巨匠たちの演奏体験が語られ、私自身が１９８０年代になってからヨーロッパでコンサートやオペラに接するうえの下地ともなった。

１９７５年、私が高校2年のときに白水社から全10巻の『吉田秀和全集』が出版されたのは衝撃的で、もちろん両親に頼んで、少しずつ全巻を購入してもらった。私の高校時代の愛読書といったら、この『吉田秀和全集』といっても過言ではない。全集が出版されるのは、当時は森鷗外や夏目漱石のような文学者がほとんどで、音楽評論家の全集出版は前代未聞だったかもしれない。全10巻のタイトルは、『モーツァルト・ベートーヴェン』、『主題と変奏』、『二十世紀の音楽』、『現代の演奏』、『指揮者について』、『ピアニストについて』、『名曲三〇〇選』、『音楽と旅』、『音楽展望』、『エセー』となっていて、雑誌に掲載されたまま、まだ本には収録されていなかった興味深い文章も多かった。基本的には作曲家論、演奏家論が中心ではあるが、『音楽展望』では朝日新聞に毎月連載された記事がまとめて読めたのもありがたかったし、『エセー』では若き日の勉学や読書についても言及があり、これを参考に、トーマス・マンなどの海外の作家の大作に挑戦することもあった。

全集の出版以降も、単行本が刊行され続け、１９７７年に出版された『私の好きな曲』は、もともとは『芸術新潮』誌での１９７４年から１９７６年にかけての連載がもとになっている。音楽雑誌以外に寄稿していたこともはじめて知った。この本は私の大学浪人時代のはじまりと同時に出版されたこともあり、今でも強い印象が残っているので、最後に詳しく取り上げることにする。

２０００年以降、吉田秀和が日本を代表する音楽評論家として認識されるようになってからは、いろいろな形で出版されるようになった。２００１年から２００２年にかけて、音楽之友社から全6巻の『吉田秀和作曲家論集』が出版され、各巻は『ブルックナー、マーラー』、『シューベルト』、『ショパン』、『シューマン』、『ブラームス』、『J・S・バッハ、ハイドン』という構成で、いろいろな雑誌に発表された記事を再編集したものではあるが、一般の音楽愛好家が読める作曲家論としては、もっとも知的刺激に富む内容である。

１９７５年に出版された『吉田秀和全集』は当時としては画期的なものだったが、その後、１９７９年に3冊、１９８６年に3冊、２００１年に6冊が加えられ全22巻になっていた。２００４年にさらに2巻が加えられ、全24巻として『吉田秀和全集』の新版が出版され、これが現時点の決定版と思われる。

２００７年から２０１０年にかけて、ちくま文庫から全8冊の『吉田秀和コレクション』が出版された。『私の好きな曲』、『世界の指揮者』、『世界のピアニスト』、『モーツァルトを聞く』、『名曲三〇〇選』、『セザンヌ物語』、『世界の演奏家』、『音楽の旅・絵の旅』の8冊で、クラシック音楽の作品論と演奏家論が楽しめるものから、絵画を扱った本まであり、多彩な内容である。

私が学生時代に愛聴した『名曲のたのしみ』というＦＭ番組を冒頭で紹介したが、２０１２年に番組が終了したあと、２０１３年にはこの番組をテーマ別に編集して、書籍としても出版されたのには驚いた（出版社は学研プラス）。全5冊の構成は、『ピアニストききくらべ』、『指揮者を語る』、『珠玉のソリストたち』、『室内楽との対話』、『モーツァルト～作曲家たち』。番組の一部は付属のＣＤで音声も聞けるようになっている。翌２０１４年には『モーツァルト　その音楽と生涯』がモーツァルトの連続放送だけを集めて全5巻で発売された。音楽評論家としての人気ぶりがよくわかる。

吉田秀和の本の出版状況について長々と触れてきたが、入手しやすいと思われる、ちくま文庫の『吉田秀和コレクション』の1冊目『私の好きな曲』について、これから少し詳しく紹介する。このコレクションの1冊目に取り上げられるだけあって、クラシック音楽の名曲を紹介する本の中でも、もっとも内容と魅力に富み、私自身も思い出深いからである。

『私の好きな曲』では26曲が選ばれているが、その選曲はどれも興味深い。最初の2曲はお馴染みのベートーヴェンだが、有名な交響曲ではなく、晩年の弦楽四重奏曲とピアノ・ソナタが選ばれていることにも驚く。まさに直球勝負である。弦楽四重奏曲となると、オーケストラ作品に比べて知名度も人気もやや低いが、吉田秀和によると、「弦楽四重奏は、音楽のもっとも精神的な形をとったものである、あるいは精神が音楽の形をとった、精神と叡智の究極の姿が弦楽四重奏である」。こう書かれてもすぐにはピンとはこなかったが、これがハイドンの功績で、そこからベートーヴェンはさらに「人間的」なものを加味し、晩年の作品には「宗教的」なものさえ感じさせるという。こうした予備知識の上に、浪人中にベートーヴェンの晩年の弦楽四重奏曲を聞き込んでみたが、作品の深みに圧倒された。普段よく聞く曲ではないが、今でも作品への敬意は抱き続けている。

もちろん交響曲からも有名な第九交響曲が取り上げられている。私は吹奏楽部では打楽器を担当していたので、ベートーヴェンの第九交響曲では、「若いころ、『第九』を演奏するステージを見ていて、私が、もし自分で参加できたら、やりたかったのは、(…)このティンパニを打つことだった」と書かれ、その理由にも言及されているのを読んで、狂喜したことも忘れられない。楽譜の一部を載せての説明もなされているが、「この曲でのティンパニに与えられた特殊な役割の謎」としてミステリーのような説明がなされているのも、この著者ならではといえる。

それから、私自身はワーグナーやリヒャルト・シュトラウスに代表されるドイツ系の後期ロマン派のオペラが若い頃から好きで、大学進学後にドイツ語を専門に勉強してきたのもそれが理由だが、普通の曲目解説などには書かれていないような知見が書かれていることにも喜んだ。リヒャルト・シュトラウスでは有名なオペラ『ばらの騎士』が扱われている。「私が、シュトラウスのオペラの何たるかにはじめて眼を開かせられたのは、ドイツ、オーストリアに旅行して、そこのオペラ劇場に足を入れて以来だが、そのときの最初の出しものの『アリアドネ』で、R・シュトラウスのオペラでは、クライマックスになったとき、ほかのオペラには絶対にない、シューベルト以来の連綿たる歌曲の旋律が忽然として出現するのに気がついたものである。同じことが、この『ばらの騎士』でも、この時点で、つまり、この長大なオペラの最後をしめくくる二重唱で、おこるのである」。オペラでもとりわけ美しい場面でのこうした独特の指摘に触れるたびに、なるほどと膝を叩いて納得したものだった。

ワーグナーについては、小曲の『ジークフリート牧歌』が取り上げられているが、この曲の紹介だけには「ヴァーグナー論のための小さなアプローチ」と副題がつけられ、強い意気込みも感じさせる。前半はワーグナーが妻コジマの誕生日のために作曲した背景が紹介されるが、後半は作曲当時に書き進めていた超大作『ニーベルングの指環』の中の『ジークフリート』との関連についても深い考察がなされる。「『ジークフリート』の第三幕に入ってからの音楽は、はるかに複雑であり、ベートーヴェンでいえば、いよいよ後期のピアノ・ソナタの時期に入った作風に匹敵する」から始まる説明は、譜面による説明も巧みで、その後、大学院時代にはじめてワーグナーの『ニーベルングの指環』が初演されたバイロイトに聞きにいくまで、作品理解へのアプローチの出発点ともなった。

私の場合、学生時代の読書といっても、日本や海外の名作を網羅的に読むような大それたことはしていないが、吉田秀和の著作に接して音楽への理解を深めていったことだけは確かで、今日までの人生の糧にもなっている。その中でも特に1冊を推薦するとすれば、やはりこの『私の好きな曲』ということになる。クラシック音楽の質の高い入門書として、多くの方々に一読をお薦めしたい。

（もがみ・ひであき、香川大学名誉教授・ドイツ語ドイツ文学者）

フラメンコ発祥の深淵に迫る名著

エンリケ・坂井

④

『フラメンコの歴史』

濱田滋郎 著

（晶文社）

私は決して多くの本を読む読書家ではない。読書は好きだが私がギタリストであることがその邪魔をする。なぜなら楽器の演奏家は毎日多くの時間、練習することを日課とせざるをえないからだ。若いころはまだ技術を習得するのに一日の大半を費やし、それが一段落した後も技術の維持のために毎日自作のプログラムに沿って基本練習から始まり様々な曲の演奏、そして曲作りの時間も必要だ。フラメンコ・ギタリストはギターソロを弾くときは伝統的に自作曲を弾くことになっているからだ。

適当に（?）飲んで、食べて、自分の練習と教習業、ライブや公演活動、原稿書き、その他の用事などをこなすと現実にはもう殆ど自由になる時間は残っていないからあとは睡眠時間を削る他はないが、睡眠不足は指や筋肉にとって一番よくないことなのでこれも避けたい。それでも子供のころは好奇心旺盛で本は大好きだった。田舎の暮らしでは一家にラジオ一台と新聞が情報源だったから手に入る本は片っ端から読んだが、大きな影響を受けたのはラジオだった。

＊フラメンコ・ギターとの出会い

ラジオの音楽番組が好きで、もっと多くの番組を聴きたくて自分用のラジオを作り、新聞の番組欄を調べて興味ありそうなものは可能な限り漏らさず聴くようにした。情報が少なければ人は本能的にアンテナを張り巡らせ五感を研ぎ澄ませるが、そうした中で自分の好きなのは生のギターの響きであり、クラシック音楽も好きだったが、ラテン的、もっと言えばスペイン音楽の何かが自分の心に響くということに気付いたのだった。そしてある時ラジオから聞こえてくるフラメンコ・ギターの響きに少年ながらも雷に打たれたような衝撃をうけ、わけも分からず虜になってしまった。

まだフラメンコが何かも知らなかった、まわりの（少なくとも私のまわりでは）誰もフラメンコとフラミンゴ（？）の区別さえもなかった昭和のまだ貧しい時代だ。やっと貯めた小使いでギターを買い夢中になって弾きまくって、フラメンコというものの姿がおぼろげながら見えたところで私は片道一時間かけてギター教室に通い始め本腰を入れて学び始めた。そしてすっかり燃え上がった私はスペインへ行ってギターのプロになる、そうしなければ生きる甲斐なんかない！　死んだ方がましだなどと思いつめたのだった。

＊スペインへ

その後東京へ行ったり、名古屋のタブラオ（フラメンコを専門に見せるライブハウス・レストラン）で働いたりとそれなりの経験を積み、家から援助なんか期待できるわけがないので必死になってお金をためて、１９７２年5月、24歳になったときに天にも昇る気持ちでスペインに渡った。思えば、私に限らず燃える若者たちが多い時代だったが、コネも何も無くてもとにかく行かねばならないと思いつめ、ダメなら野垂れ死にでもいいやの覚悟だったので恐いものはなし。

本場で私のちっぽけな自信は木っ端微塵に打ち砕かれたが、また最初に戻ったつもりで貪欲に学び、時代も良かったのだろう、幸運にもギタリストとして働く途が開け、グループに入ってヨーロッパ巡行に参加したり、マドリードのナイトクラブやタブラオにもレギュラーで入ることが出来た。さまざまな邂逅や経験があったが、特にこの下町のタブラオ「ネメシオの洞窟」に3年間レギュラーで出演し多くのアーティストたちと共演できたこと、フエルガに毎夜参加できたことは実に幸運なことだった。

フエルガとはフラメンコ通の旦那衆が歌い手、ギタリスト、踊り手を雇い酒をのみ談笑しながら芸、特にカンテ（フラメンコの歌）を味わう小さなパーティのことだが、このタブラオは営業が終るのが午前3時、そして午前4時（昔のスペイン時間です、今はよい子が多いのでそんなことはありません）からフエルガが始まり、それが朝まで続き、興が乗ると昼まで、もっと興が乗ると、場所を変えて夜まで…ひどい時は3日間徹夜が続いてダウンしたことがあったほどだ。

練習とリハーサルは一切無く初めて出会った歌い手の、それも踊りのための歌でなく、ソロで歌われる歌の伴奏は非常に難しくて最初は毎日が冷や汗の連続った。これはカンテを勉強しなくてはダメだ、と思った私は稼いだお金でレコードを買いまくって、その曲種、主なるメロディー、歌詞をノートに書き出し始めた。初めて痛感したのはカンテこそがフラメンコの土台であり、途方もなく広い世界だということだが、当時は他に学ぶ方法がなかったから砂漠の砂を一つずつ調べるようにコツコツとノート作りを続け夜は現場で揉まれながら冷や汗と経験を重ねていった。このタブラオは食事を出さずアルコール類と酒のつまみだけ、舞台の出しものも通向けカンテ中心だったので客は地元の人たちだ。

遠慮などとは無縁の下町のオヤジたちは見慣れない東洋人のギタリスト（私）に対して

「下手くそ、引っ込め！」とヤジを飛ばしたが、事実下手くそだったからグーの音も出なかった。そんな必死の私をフエルガの相棒で、後に人間国宝扱いされた名歌手、パコ・トロンホは年齢の離れた弟のように可愛がってくれて、その他の歌い手たちからも徐々に信頼されるようになり、毎日の冷や汗で痛かった胃も腸もようやく治った。

＊モロン派ギターの出会い

ある時セビージャの春祭りの会場でいろいろなカセータ（春祭り用の大型テント小屋）を見て回った。それぞれのカセータがフエルガの真っ只中で、それを見ていたらモロンという町から来たヒターノ（ロマ）たちのグループがいるカセータで一人の男が老人の手拍子に合わせてギターを弾いていた。その音色、音楽がいつも聴いているものとは違う世界を持っており、ああ！　これが私の探しているフラメンコなのだと今まで体験したことがない大きい衝撃を受け、以来モロンのギターに深く傾倒していった。その演奏は古風だが純粋で深く、野性を持ちながら素朴で品がありそして粋で楽しいギターだが弾く人も録音も非常に少ない。当時マドリードにいた唯一人のモロン派ギタリスト、ダビッド・セルバのところに通ってその技術と精神を少しずつ自分のものとして吸収できたのは実に幸運なことだった。

1975年11月20日の軍事独裁者フランコ将軍の死去に際して、フランコ側が反フランコ陣営に対する弾圧を開始した。私が弾いていたフエルガの最中にフランコの親衛隊と言われた武装した治安警備隊が踏み込んで集会禁止違反の廉で一網打尽！　危うく国外追放処分というピンチを切り抜き、修行は続けたが、新たな環境を求め、買いまくったレコードを半年かけて船便で日本に送り、5年半ぶりに帰国することにした。

＊新たな出会い

「長い前書き」だが、私の大切な1冊の本と出会えたのは、この経験、修行があったからだ。居候生活から始めた東京で私は優れた人たちとめぐりあった。それまでの私は現場の経験による技術の修得に必死だったが、それだけでは足りないスペイン語やカンテをさまざまな方向からもっと掘り下げた深い知識の必要性を彼らと接するうちに気付かされたのだ。とりわけ著名な音楽評論家、濱田滋郎さんはそれまでも多くのレコード解説文を通じて私は彼のファンとなり、レコードを聴く度にまず彼の解説を読んで楽しみ、その後聴いてまた楽しむということをさながら儀式のように毎回繰り返していた。実際会ったら想像通りの素晴らしい人で私はますます彼のファンになった。滋郎さんも私のギターを気に入ってくださり、彼の主催する音楽祭に毎年出演して交流は深まっていった。

1983年に滋郎さんはフラメンコ史に残る名著『フラメンコの歴史』（晶文社）を出版し、直筆のサイン入れのこの本を私はフラメンコに生きる人生のバイブルとして今に至るまで折に触れ読み続けている。この本の素晴らしさ（私なんか言うのもおこがましいが）は綿密な研究や解りやすく洗練された文章などさまざまあるが、何といってもフラメンコ芸術（芸能と言ってもいい）の本質を深く掘り下げ、鋭い洞察力とともに限りない愛情をこめて書かれたことだ。もちろん、刊行されてから40年ほど経っているからデータの古さなどがあるのはやむ得ないが私にとってそんなことは全く気にならない。音楽、芸能、その成り立ちの深淵に迫るこの本は読み返すたびに新たな発見があり、そこに私は傍線を書き入れてきたので今や頁は本から外れ、手垢と付箋でボロボロになっている。

＊レコードと読書

今でも私はモロン派の始祖ディエゴ・デル・ガストールや尊敬するペリーコ・デル・ルナールの演奏を折に触れコピーすることを繰り返しているが、私にとってコピーというのは音色《ねいろ》、音楽はもとより間《ま》の取り方、その精神に至るまで完全なるコピーを目指してその真似することだ。むろんどんなに完璧を目指してもやればやるほど真似しきれない部分が出てくるが、それが自分の個性であり、そうした気付きが自分の進む方向を示し、しばしば創作のヒントを与えてくれる。

だからコピーは精神、スピリットを確かめ、そのシャワーを浴びる作業でもある。また、整理と仕事を兼ねてレコードやCDを聴く度に新たな発見があるということは読書と共通している。自分の求めている内容の書物やレコードに限るが、読み手、聴き手の経験や力量によって一度では気付かないことがあっても時間をおいて二度、三度と繰り返すことで自分のなかで蓄積、熟したものが膨らみ、やがて弾けるように目から鱗が落ちるということを何度も経験してきた。逆に言えば、自分がそうした感性や疑問を蓄えていかなければ奥に隠れた真の意図に気付かないということが起こりうるのである。

＊一冊の本に出合うには

レコードに関しては長年にわたって真剣に耳と心を傾けてきたので若い人たちに良質のものを勧めたい。読書に関しては私のバイブル『フラメンコの歴史』は専門書でもあるので一般の人に勧めるのはやや気が引ける。星の数ほど本が存在し、情報が溢れる今の時代に若い人たちが自分にとって最良の書を探すためにはどうしたらよいだろうか。

レコードに例えて考えてみよう。時々「何から聴いたら良いであろうか？」と質問されるが、いきなりクロウト向きを勧めてみても分かってもらえないから、とりあえず聴き手が興味ありそうなもの、聴き易いものから始めようと助言をしている。取っ掛かりは何でもいいのだ。「求めよ、さらば与えられん！」で自分が真に何を欲しているのかが、何が本当に好きかを探し続ければ、読み聴いたものは少しずつ肥しとなり、周りの人の影響や、さまざまなもの（特に一流なもの）を見聞きすることで少しずつ求めているものに近づいていく。

私は感覚派だが、そうであっても土台を支える美学が必要で、それが私のアート人生の骨となっている。若い人たちには本を読むとともに、いいものを実際に見る、聴く、そして魅力ある人と会って話を聞いて刺激を受けることを積極的に行うことをお勧めする。

叩かないと扉は開かない。若者たちは、携帯に頼りすぎずにまず行動し、本の頁をめくり、自分のバイブルを探そう。近道は無いから遠回りしてもそれが肥やしや、貴重な経験となるのだから。

（エンリケ・さかい、ギタリスト・カンタオール）

音楽はファシスト軍事政権より強し

川成 洋

⑤『戦火のマエストロ 近衛秀麿』

菅野冬樹 著

（NHK出版）

近衛秀麿（１８９８～１９７３）という国際的な指揮者を知っておりますか。１９２４年、26歳の彼が日本人として初めてベルリン・フィルを指揮したのです。

彼の名字である「近衛」というのは、戦前の昭和史において欠かすことのできない家系でした。彼の兄の近衛文麿（１８９１～１９４５）は、第１次近衛内閣（１９３７年６月～３９年１月）、第２次近衛内閣（40年７月～41年７月）、第３次近衛内閣（41年７月～10月）と昭和の重大な時期に３回も政権を担当したのだった。さらに、太平洋戦争で敗北を覚悟した東条英機内閣は、あろうことか、アメリカに対する講和をソ連のスターリンに仲介してもらう政府特使として近衛秀麿をモスクワに派遣することに決定し、その意を受けた駐モスクワ日本大使がソ連のミコヤン外相と接触するが、即刻、交渉を拒否される。それには次のような国際的な動きがあったからだ。１９４５年2月4～11日、ソ連領クルミヤ半島のヤルタで、第二次世界大戦後の世界の枠組み、枢軸国に対する戦後処理政策をめぐって米英ソの3首脳会談が開かれた。この会議に初めて参加したスターリンが、今や三巨頭の一人としてルーズベルトとチャーチルと対等に相対することができた。この会議が終ると、スターリンは米英首脳にすでに秒読み段階に入ったドイツの全面降伏後2～3カ月以内に、ソ連が対日戦に参加すること、そのための１９４１年4月に締結した「日ソ中立条約」（有効期間は5年間、したがって満了期限１９４６年4月）を、１９４５年4月にソ連が不延長を宣言し、同年8月8日の対日宣戦布告によって失効することにした。

ソ連の対日戦に参戦する条件としてソ連側に南樺太返還、千島列島引渡しなどを決めた秘密議定書が結ばれた。このヤルタ会談が行われたこと自体愚かにも外交音痴の東條政権は全く知悉していなかったために、スターリンに日米講和の仲介を頼もうとしたのだった。だが、当時スウェーデンが中立国だったので、ストックホルムにおいてソ連を監視していたストックホルム大使館付駐在陸軍武官の小野信《まこと》少将（敗戦寸前に、中将に昇任）は、すでにドイツの「エニグマ（謎）」の解読をはじめ世界中に情報網を構築していた英国海外秘密情報部（ＳＩＳ、またはＭＩ６）から「情報の神様」と警戒されていただけあって、すでに彼は外観から見破られてしまう日本人工作員を使わずに、外国人を使っていた。当然彼はヤルタに外国人エージェントを潜入させ、三巨頭会談のあらましをキャッチし、それを日本の参謀本部に極秘電報で報告した。当時の参謀本部は、例によって、ドイツ駐在大島浩大使（陸軍中将、前独駐在陸軍武官）以外の情報を全く無視していたのだった。だから、前述したように、スターリンに対米戦の仲介をといった愚かな噴飯ものを考え付いたのだ。これは日本政府が公式にスターリンに日本は敗北を覚悟しているということを打ち明けたも同然だった。だから、ソ連は突如、日ソ休戦協定を一方的に破棄し、かつて日本軍が中国やロシアに宣戦布告せずに先制攻撃したように満洲や千島列島に侵攻したのだった。そしてソ連軍は囚人たちまでも動員して在満日本人に対して考えられないほどの非人間的な狼藉を働き、しかも60万人ものすでに武装解除していた日本兵を捕縛し、ソ連の戦後復興のために強制労働をさせるためにソ連各地へ送り込んだのだ。

1945年12月15日夜、近衛秀磨は荻外荘で文麿と再会した。大戦をはさんで7年3カ月振りであった。兄弟だけのつもる話が終り、兄は「お前は音楽を選んでよかったなぁ…」と言ったという。その後、文麿の入浴中に、秀磨は義姉の千代子や使用人たちと一緒に、屋敷内で兄が隠し持っていると思われる「拳銃」をくまなく探し回ったが見当たらず、安心して隣室で仮眠をとり、朝3時ころ、秀磨が兄の部屋で見たものは息絶えていた兄の姿であった。翌16日は、文麿がA級戦犯として巣鴨に出頭する最終期限日であった。

それより22年前の１９２３年3月30日、まだ日本にプロのオーケストラさえなかった時代に、単身でヨーロッパに渡った秀麿は、ベルリンで指揮、パリで作曲を学び、翌24年１月18日、ベルリン・フィルを指揮する。曲目はドイツ初演のカリニコフの交響曲第1番。当時のドイツの有力紙は「芸風は欧州的だが、恥ずかしがり屋で謙遜」という評価であった。

これが26歳の秀麿の国際的な指揮者としてのデビューであった。同年6月、大量に買い込んだ楽譜を携え、パリからアメリカ経由で帰国する。26年、東京で我が国初のプロ・オーケストラ、42名編成の「新交響楽団」を自前で創設し、10年間ほど指揮・運営する。30年5月、秀麿と新交響楽団はマーラーの交響曲第4番全曲を、録音レコード化する。これは世界で初めての試みであり、欧米の音楽家たちに秀麿と新交響楽団の名を知らしめることになった。このころから、ヨーロッパの著名な演奏家・指揮者を東京に招聘し、秀麿も30年10月、新交響楽団のヨーロッパの窓口として、また秀麿自身の音楽活動の拠点としてベルリンに個人事務所を開設する。翌31年からベルリン・フィルの客員指揮者を嚆矢《こうし》として、欧米のほぼ全ての主要な交響音楽団で客演することになる。

だがしかし、秀麿が本格的に音楽活動を開始していた頃のドイツは、33年1月から始まったヒトラー政権下であった。秀麿は迫害されたユダヤ人を密かに救出するが、こうしたことに関するメモや記録を一切残さなかった。それは当然だった。当時、ヒトラー政権は寄る辺なき６００万人ものユダヤ民族を大量殺戮している真っ只中であり、たとえ日独防共協定締結（１９３６年11月25日）国である日本側の宰相の実弟とはいえ、秀麿個人の力でだけでは如何ともしがたく、全面的に信頼できる同志の命がけの協力があってこそ、この難関を突破できたのだった。

無事日本に密航できた音楽家たちの家族や親戚たちは異口同音に「近衛さんがいなければ別の人生を歩まねばならなかった。・・・・」と感謝したという。ヒトラーが政権奪取した１９３３年1月より2年ほど前の日本でも、１９３１年9月の満洲事変の勃発など、不気味な戦雲が低く垂れこめていたのだった。ちょうどそのころ、「樂都」ウィーンから、「20世紀の吟遊詩人」とか「リストの生まれ変わり」と謳われた不世出の天才ピアニスト、レオ・シロタが、ついで指揮者・作曲家・音楽評論家のクラウス・プリングスハイム、バイオリンのポラックなどが東京音楽学校（現・東京芸術大学）の外国人教師として就任し、この学校はまさに「ドイツ楽派の牙城」と言われるようになっていた。実は、これらの名演奏家たちはユダヤ人であり、彼らの来日、場合によっては密航を強く勧めかつ全面的に支援したのは、ほかならぬ秀麿であった。それにしても、どのように協力者を得ていたのであろうか。秀麿が敗戦後出版した『風雪夜話（新装版）』はこう述べている。

「僕が職務上国外旅行の比較的自由であった立場を利用して、１９４０年以後スイス、オランダ等の越境の危険を犯しながら出国に成功したユダヤ人の数は十家族を越えた。この際の行動の為の外貨の移送には、どうしても外交官の資格を必要とする。ベルリン日本大使館員で二等書記官Y君の理解と官吏として特に大きな勇気を要するこの危険極まる行動は皆から深く感謝された」

ユダヤ人を救済していた秀麿を「国賊」と影口をたたいていたのが、前述した駐ベルリン大使館付陸軍武官大島浩少将であった。彼は陸軍中将で陸軍大臣だった大島健一の長男であり、東京幼年学校時代から東京の駐在ドイツ大使館員宅でドイツ語会話の勉強を続けていた。父健一はいわゆる陸軍ドイツ派の重鎮だったのでこのような特別な教育を受けられたのだった。大島浩大使は１９３６年11月の「日独防共協定」の締結に積極的に推進し、締結の祝賀パレードではヒトラーと並んで先頭を行進していた。やがて中将に昇任した彼は、その7か月後に予備役に編入し、駐独大使となった。ヒトラー心酔者だった彼はほぼ毎日のごとくヒトラーから聞いた欧州戦線の戦況を日本の参謀本部に逐一極秘電報で送った。その電報を英国海外情報部（ＭＩ６）が傍受していた。ＸＸ（ダブルクロス＝二重スパイ）作戦（これは大成功だった。ヒトラーはドイツ国防軍情報部がイギリス本土に送り込んだスパイが全員活動していると信じていたが、イギリスにはたった一人のスパイもいなかった。ドイツのスパイは全員、イギリス側のスパイになるか、公開処刑されるか、どちらかであった）を活用して、イギリス空軍は自軍の爆撃機の攻撃の成果を手に取るように掌握できたという。「ヒトラー以上にナチス的」という評判の大島浩が、敗戦後の極東軍事裁判にA級戦犯として起訴され、法廷で「ヒトラーやリペントロップと会ったことはない」などと真っ赤な嘘の証言を行い、担当判事の多数決による1票差で絞首刑を免れ終身刑、さらに懲役7年に減刑された。

大戦期のドイツにおいて秀麿はこんな卑怯な連中と対峙しなくてはならなかった。大島やゲッペルスからの公演妨害などと遭遇しながらも、ユダヤ人音楽家の日本への招待と亡命、ユダヤ人の私財を亡命先に移送し続けるために、秀麿はバイエルン音楽部長で、ドイツ国防軍最高司令部の音楽担当将校カール・レーマンという相棒と一緒に、44年4月にパリで31名編成のオーケストラ「コンセール・コノエ（近衛音楽会）」を創設する。これはフランスとベルギーの若い優秀音楽家たちの「シェルター」であり、ユダヤ人音楽家を海外に脱出させる機関であった。このオーケストラに「近衛」という名を冠したのは、ナチ当局に「親独派」と思わせる欺瞞作戦であった。このオーケストラは6月に解散したが、メンバーや活動記録は一切残さなかった。なぜなら、このオーケストラは「近衛」の名前とともに、戦勝国にとっては「親独派」というレッテルをはられること必須だったからだ。はたせるかな、その3ヵ月後の9月から、フランス全土においてナチス協力者への仮借ない追及が始まり、創設された人民裁判で7千人ほどのフランス人が死刑の判決を受けた。

1945年4月、秀麿はアメリカ国務省宛ての日米和平のための提案書を携え、現地のアメリカ軍司令部に投降する。早期終戦のために兄の文麿からの極秘指令を受けて、文麿と前駐日大使で国務長官代理のジョセフ・グルーとの和平会談を設定することであった。グルーは大の親日家であり、太平洋戦争が勃発した翌年、戦時交換船でアメリカに帰国するにさして、アメリカ大使館の庭に桜の木を植えた。平和になったら再び桜を愛でようと。グルーは「天皇制を残し、原爆を投下せずに」とトールマン大統領に進言したのだった。

しかし、ドイツを占領したアメリカ軍のソ連軍に対する疑心暗鬼の対応もあってか、戦争に勝利した人間特有の手抜きや手違いか、はたまた生来の怠慢か、それともアメリカ軍の執拗な反日感情やレイシズムか、秀麿は降伏したドイツ将兵と同様に捕虜収容所に2か月間も留置され、結局、アメリカ本土に移送されたのは7月26日であった。

秀麿のアメリカへの移送当日の午前7時、担当係官のローランド中尉が秀麿との別れ際に握手を求めながら、秀麿を実際に取り調べたネルソン中尉は、秀麿の投降を知り、他の部隊から秀麿の取り調べ官をわざわざ志願したハンガリーユダヤ系で、本名はルレデリック・ニューマンだとうち開ける。そしてこう結んだのだ。「ニューマンさんの本業はバイオリニストです。あなたは覚えておられないと思いますが、ニューマンさんはあなたの指揮で演奏したことがあるのです。それを自慢しておりましたよ。でも自分は第2バイオリスト奏者だから、マエストロと簡単に口をきくなんて恐れ多いことだと言ってましたがね、・・・・」何という邂逅だろうか。

ジョセフ・グルーと文麿の会談は幻に終わってしまった。秀麿の和平工作は霧散したのだった。しかし、秀麿のような明治人特有な気骨ある生き方こそ心に銘記したいものである。

（かわなり・よう、法政大学名誉教授）

第四章

人生

6篇

あなたが活き活きと生きるための道しるべ

河野　善四郎

①『人を育てるカウンセリング・マインド』

國分康孝 著

(生産性出版)

君のことだ、大輔。元気で毎日、過ごしているか？

社会人一年生、仕事も順調か。入社前に君が僕に熱く語ってくれたように、自分がやりたいと思っていることを、みんなの力を借りて出来ているか。なかなか、最初からうまくいかないとは思うけど、夢に向かって、がんばれ。

あの時、君は、サラリーマンの先輩の僕に、こんなことを言っていたよね。「社内に理想の上司を見つけるのは、難しいかもしれない。でも、僕たちが理想の上司になることをいつも心がけていることが大切じゃないか」と。

まだ、満足に仕事も覚えていない君の夢を壊すまいと、あの時、「そうは世の中うまくいかないよ」という言葉が喉元まで出かかったが、いま思えば、出世街道を泥まみれになって生きてきた僕にとっては、純粋な君のまっすぐな瞳がまぶしかったよ。

今日は、そんな君に、君が僕に投げかけた「理想の上司とは」という命題に応えるための一冊の本を見つけたから、紹介しよう

その本の名は、國分康孝著『人を育てるカウンセリング・マインド』。これが実におもしろいだけでなく、これからの君の将来に間違いなく役に立つと、長年、経営者の一員としてビジネスの世界を生き抜いてきた、この僕が保証する。

タイトルの一部にもなっている「カウンセリング・マインド」と言う言葉を、君は知っているか?

「カウンセリング・マインド」とは、人とのコミュニケーションを円滑に保つための「心構え」のことだ。僕たちのビジネスの社会のなかで言い換えれば、職場において、いかに社員たちが「やる気」に満ちあふれ、上司とともに目標に向かって行動できるか、また、それによって、社員一人一人をどのように成長させることができるか、その方法論のことだ。

そうだ。この本は、「部下をどう指導し、目標に向かってどう活躍させたらいいか」という、管理職、すなわち、一人でも部下のいる上司用の必読書であり、実用書なのだ。

この「上司のための教科書」を社会人一年生の君や、同僚の若手社員たちが回し読むことによって、逆に、自分たちが上司に恵まれているかどうかが一読で判断できるから、僕は「これが実におもしろい」と冒頭に書いたのだ。

「ほら、やっぱり、あの課長、ダメじゃん」とみんなであんまり盛り上がっても困るが……。

たとえば、入社したのはいいけれど、「自分がやりたい仕事をやらせてもらえない」と部下が不満を抱えていることがわかった時、上司はどうしたらいいのか。

著者は、こう答えている。

上司が部下に対しての指導のポイントは、「とにかく、部下一人一人に役割を与えることである」と。それは、どんな些細なことでもいい。会議の日時や場所の設定、資料の配布、当日の挨拶を含む司会と進行、議事録の作成、録音、極端なことを言えば、会議終了時の黒板の文字を消すことも企業秘密漏洩を防ぐ、誰かがしなければいけない大事な仕事だ。

「与えられた仕事をやり遂げると、人は達成感、充実感を持ち、その積み重ねが社内における不満をやわらげ、肯定的な心理状態になる」と。そして、その上で、部下が「やりたい仕事をやらせてもらいたい」と強く願っていることを察したら、直接、本人の話を聞く。

こうした部下の不満を察するために上司に必要なマインドは、常日頃から「部下と心のふれあいを持とう」と思うことだ。朝の挨拶からはじまって、仕事以外の会話など、部下とのコミュニケーションを第一に考えるのが、上司として最低限の条件だ。

部下との会話のポイントは、「とにかくリラックスさせること」だと著者は力説する。そのためには、部下の趣味の話からはじめたり、世間話をしたりする。常に部下の顔を見て、視線を合わせ、明るい笑顔で話す。顔も見ず、腕や足を組み、ましてや書類を見ながら話すような横柄な態度は、決してとってはいけない、とある。さらには、会話のなかで、部下の言葉を遮ったり、ダメ出しをしたり、否定する、説教するなど、上司としてタブーである。

部下の話を「受容」し、「傾聴」し、その上で「共感」する。これが、部下からの話を聞く時の上司のあるべき態度、つまり「カウンセリング・マインド」なのだ。

しかし、僕が君の上司だとして、僕がどんなに君の気持ちを理解したとしても、君の「やりたい仕事」をすぐにはやらせられないのが、実情だろう。そんな時、僕は君の悩みにどう答えたらいいのだろうか。

僕がこの本から学んだことで言えば、こうだ。きっと僕は、君にこう言うだろう。

「いまはとにかく、君は自分に与えられた仕事、目の前の仕事をきちんと着実にこなしていくことだ。一つずつの仕事を通して、実力をつけて、僕だけでなく、多くの先輩たちの信頼を勝ち取ることだよ。君がいま、どんなに将来有望な社員であろうとも、目の前の小さな仕事を疎かにすれば、僕は、自分には人を見る目がなかった、と反省する。逆に、この男はダメだと先輩たちに思われていても、上司の言ったことをきちんと実行していけば、この男はダメだと言われていたが、思い違いだったと見直すことになる。やりたいことをやるために、いまの仕事をしっかりやることだよ。焦るな。きっと、誰かが君の真面目な、そして粘り強い仕事ぶりを、どこかで見ていてくれるから」

僕がこの本から学んだことだ。どうだろう。僕は君の理想の上司になれただろうか。

いい機会だから、この本の著者を紹介しておこう。

著者の國分康孝は一九三〇年大阪に生まれる（本籍は鹿児島）陸軍幼年学校の教育に感銘を受け、教育者を志し、東京高等師範学校、東京教育大学、同大学院に学ぶが、教育実習に挫折したのが機縁でカウンセリング心理学に転じた。ミシガン州立大学博士課程を経て博士号を修得。ライフワークは教育カウンセラーの育成、旗印は「教育の砦の防人は教育者である」

その長年にわたる研究し続けたカウンセリング心理学を、職場教育に生かすために書かれたのが、この本である。本書には「会話の基本技法（質問、受容、繰り返し、明確化、指示）」、「カウンセリングの技法（情報提供法、助言法、スーパービジョン、ケースワーク、指示法、強化法、シェーピング法、フィードバック法、自己開示法、モデリング法、説得法、対決法、契約法）」について、具体的に詳しく述べられているから、かなり実用的だ。

さて、長い手紙になってしまった。

最後に、ひとつだけ、君に「最高の上司」の見つけ方を付記しておこう。

ナチスが台頭する前、ワイマール時代のドイツ軍に、「最高のリーダーとは」という喩え話があるので、紹介しよう。問題は、こうだ。


次の四人のうち、軍の最高のリーダーになってほしいのは、どの人だと思いますか。
（1）能力はあるが、意欲のない人
（2）能力、意欲ともにない人
（3）能力、意欲ともに充実している人
（4）能力はないのに、意欲だけある人

多くの人が（3）を選ぶと思う。（2）ではどうしようもないし、（4）は作戦と言えば、「突撃！」一本鎗である。だが、正解は（3）ではなく、（1）である。

その理由は、こうだ。（3）のタイプは、すべて優秀であるがために、優勢の時はその能力を十分に発揮するが、劣勢の時にあらゆる作戦を駆使しようとして、逆に自滅しやすい。（1）が素晴らしいのは、能力は優れているが、意欲がないので、部下に適切な指示を出しつつ、作戦を任せるからである。ただし、（1）がいいのは、部下が優秀な場合にかぎる。

よく出来たジョークだが、さて、君にとって「最高の上司」とは、どんな人だろう。

それは、こんな人である。

君にとって、最高の上司とは、「問題発見能力」と「問題解決能力」に優れ、日常の部下の仕事に問題がないか、担当者が今何か誰にも相談できない困難な問題に立ち向かっていないか、目を配り、たとえ、君が仕事で思わぬミスをしても、決して叱らず、すぐにいっしょに問題点を整理し、解決策を立て、それに沿った行動に移し、それを通して、部下である君の成長を促すことに力を注ぐことができる人である。

そうなのだ。上司は、君のために存在するのだ。君に一日も早く立派な社会人として、一流のビジネスマンとして活躍してもらいために、君の成長を手助けしてくれる人――。そんな上司の下で、君が自分の能力を十分に発揮してくれるのを祈っている。

逆に「最低の上司」とは、部下のおかした失敗から目を背け、できるだけ逃げ、あげくに部下のせいにし、成功だけは自分の手柄にする人――。これでは、人はついていかない。

「上司とは何か」――。

それを考えてみるだけでも、ぜひ、いまの君に読んでおいてもらいたい一冊である。

（かわの・ぜんしろう、マネジメントカウンセラー）

張り番取材を支えてくれた一冊

池畑　修平

②『名画を見る眼』

高階秀爾 著

（岩波新書）

美術館に足を運んで絵画を見るとき、何ら予備知識を持たずに作品の前に立ち、「初見」によって感じる印象や思いを記憶にとどめるのも、一つの鑑賞法ではある。ただ、大半の場合、私たちはその美術館あるいは美術展で誰のどのような絵画が掲げられているのかについて一定の下調べをしてから出かける。

下調べ、というのは大袈裟かもしれない。例えば美術展なら、事前に開催者側が「ピカソの傑作　初来日！」といった具合に宣伝と説明をしてくれるおかげで、誰でも目玉作品について少しの知識を得られる。

こう書くと私がさも絵画に造詣が深いような印象を与えるかもしれないが、決してそうではない。正直にいうと、30歳を超えてスイスのジュネーブに記者として駐在するまで、とくに西洋絵画に関しては美術館でじっくり観賞したという記憶が乏しい。

そのような素人が、西洋美術への誘（いざな）いとしてのロングセラー『名画を見る眼』を勧めるのは、ジュネーブはじめヨーロッパ各地を取材で訪れた際、最も空き時間を活用したのが美術館訪問であったからだ。撮影やインタビューの合間にポコッと時間が空くと、もちろん見知らぬ街を練り歩いたりもしたのだが、夏はいいとして、冬のヨーロッパは体の芯まで冷える。屋内に避難して暖を取る意味もあって、自然と美術館に入ることが増えた。

そこで巨匠や奇才たちが残してくれた絵画と向き合うことになるわけだが、当初は何らリサーチもせずに館内に入っていったので、文字通り「初見」に近い状態であった。それでもいくつかの作品にとりわけ惹きつけられて長いこと見入る。見入るのだが、思い浮かぶ感想は浅い。「色使いが美しい」「キリスト教の物語がモチーフだな」「この人物画のなんとリアルなことか」といった具合だ。そう考えているときは案外とそれで満足もするのだが、美術館を出て、再び取材などをこなし、ホテルに戻ったあと、ふと疑問が浮かぶ。「あの絵、印象に残ったけど、何か見落としたのではないだろうか？」

そう、「初見」では、絵画の美しさや力強さ、精緻なタッチの見事さなどは分かっても、画家が作品に込めたメッセージや作品の歴史的な背景まで把握するのは難しいのだ。自分は表層的なことしか分かっていないな、と気になるようになり、確か駐在して1年か2年が過ぎて一時帰国した際、素人でも分かりやすいけど内容は深そうな解説書を、と書店で物色して手にしたのがこの『名画を見る眼』である。

著者の高階秀爾氏は東京大学大学院やパリ大学附属美術研究所で美術史を専攻され、1959年、開館したばかりの国立西洋美術館に就職。その後、東京大学教授を経て、国立西洋美術館館長になられた。経歴からだけでも、日本における西洋美術の第一人者であることが分かる。しかし、その第一人者の手による『名画を見る眼』は、私のような素人向けに書かれたものなので、言葉は緻密ではあるが平易、そして解説をしている15の作品は、どれも比較的有名。まさに入門書として最適。

15の絵画のうち、とりわけ私にとって有難かったのはヤン・フェルメールの「画家のアトリエ」についての解説であった。フェルメールは寡作で知られる。43年の生涯で描いたのは40点に届かないとされ、現存するのは35点のみ。「幻の画家」とも呼ばれる。寡作であったことに目をつけた後世の画家がフェルメールの贋作を描き、中には「本物」と信じた美術館が高額で購入するといった騒動まで起きている。

そのフェルメールの代表作としてよく知られているのは「真珠の耳飾りの少女」だと思われるが、私にとって「画家のアトリエ」を高階氏が掘り下げていたのが嬉しかったのは、この作品がウィーン美術史美術館に収蔵されていたからだ。当時、私が勤めていたNHK

はウィーンに支局を置いていなかった。ところが私がジュネーブにいた2000年代初め、ウィーンに本部があるIAEA(国際原子力機関)は頻繁に世界の注目を浴びることとなった。イラクと北朝鮮の核兵器開発疑惑のためである。

私はしょっちゅうウィーンに出かけた。オーストリアがスイスの隣国ということに加えて、ジュネーブでの取材の7割くらいはWHO(世界保健機関)といった国連機関が出す情報に関してであったので、それなら同じ国連機関のIAEAにも慣れるのが早かろう、という調子であった。

ところが、IAEAでの取材はジュネーブとは勝手が違った。一言でいえば「肉体労働」の色合いが濃かった。イラクや北朝鮮の核開発疑惑を解明しようという各国の外交的な駆け引きがIAEA本部で繰り広げられるのだが、記者会見はそう多くはない。取材する側としては、イラク、北朝鮮、アメリカ、ヨーロッパ主要各国、それに日本や韓国の代表団が議場を出入りするところに群がってコメントを取ろうとする。いわゆる「ぶら下がり取材」である。だが、取材内容は核兵器を密かに開発しているのか、そうであればどのような手段を用いて開発を阻止するか、というシビアな事柄だ。各国の代表団ともそう雄弁に記者たちに協議の状況を語らないし、いったん議場の扉が閉められると、中で誰が何を話しているのか、外にいる記者たちは分からない。おのずと記者たちは協議が終わるのを待つことになる。ひたすら待つ。

日本でも核問題は非常に関心が高いので、議場の外で何時間でも待つわけだが、取材としては効率が悪い。そして、協議が何日も続くと、各国の代表団ももちろんだが、取材する側も疲れてくる。ウィーン駐在の記者たちはそれがルーティーンであっても、出張している身としては数日間も大した原稿が書けないと「出張の費用対効果としてまずいな」という気持ちになってしまう。

そういう状態のとき、協議が半日ほど休会、といった空白が生じることもある。私はいそいそとウィーン美術史美術館に向かった。とくに『名画を見る眼』を手に入れてから、真っ先に見つめたのはフェルメールの「画家のアトリエ」となった。

「画家のアトリエ」は、題名の通り、アトリエで画家が絵を描いている場面を描いている。画家は後ろ姿で顔は見えない。彼は座ってキャンバスと向き合っていて、その奥に少女がモデルとして立っている。彼女の頭上には何やら冠のように結われた枝があり、右手にはトランペット、左手には黄色い表紙の本を持っている。少女の背後の壁には、ヨーロッパの一部とおぼしき地図がかけられている。ほかのフェルメールの作品と同様、柔らかな光が部屋に差し込んでいるようで、静謐な印象を与える。

「初見」で分かるのは、しかし、これくらいであった。

高階氏の解説を読んで理解できたのは、実はこの一枚は遠近法が巧みに活用されていて、まるで観客が隣の家を覗き込んだように見えるということだ。例えば、床の格子模様が画面に対してほぼ45度の角度に置かれているのだが、その格子の線をずっと延ばせば画面を外れた「距離点」とよばれる一点に集中するようになっている。これは15世紀のイタリアで理論化された「線遠近法」あるいは「幾何学的遠近法」なのだという。

そうした解説を読んだうえで改めて絵画を見ると、初めて「見える」のだ。「初見」でも同様に床の格子模様は目には映っていたものの、解説を踏まえないと遠近法の実践は「見えない」。

さらに「見えなかった」のは、「画家のアトリエ」という作品のメッセージであった。なぜ画家が「画家が絵を描いている場面」を描こうと思い立ったのか。よく考えれば不思議だ。わざわざ自分の仕事風景を描くからには、何かしら意図があるはず。

この謎への解答も著書で明かされる。

少女が冠のように頭にいただいているのは橄欖（かんらん）の葉で、「名誉」や「栄光」のシンボルとされていた。トランペットは栄光が「鳴り響く」象徴で、本はそのことが「記録されて後世に伝えられる」ことを意味している。そして背後の地図は当時のオランダの17州であるという。こうした点を総合して、研究者たちはこの絵が「名声」を描いた寓意画であり、「画家の名声がオランダ17州に鳴り響く」というわけだと判断している。

そうだとすれば、絵の中にいる後ろ向き姿の画家は誰なのか、という疑問が浮かぶ。研究者によっては「フェルメール自身」という見方をする向きもあるという。しかし、高階氏は慎ましやかな性格のフェルメールが自らの名声を喧伝するのは似つかわしくないという考えに立つ。そして、絵の中の画家は誰か特定の個人というわけではなく、描くことそのもの、つまり「絵画」を意味しているのだと考える方が自然だという。つまり、絵画という芸術が名声を博すという寓意画というわけだ。

以上は、私が飽きることなく見つめたフェルメールの「画家のアトリエ」に関する、著書の解説を抽出した内容だ。ほかにも14点、時代でいうとルネッサンスから19世紀まで、名画に関する深い洞察が記されている。いくつか挙げると、ボッティチェルリの「春」、ベラスケスの「宮廷の侍女たち」、ゴヤの「裸体のマハ」、マネの「オランピア」など。各作品について、画家の人物像、その絵画の技術的な特徴、そして描かれた当時の時代背景へとポイントは多岐にわたっていて、私のような西洋美術ビギナーでも一気に読み通せる。

この美術への手引きが好評を博したため、高階氏は、より近代になって生み出された名画14点を解説した『続　絵画を見る眼』をやはり岩波新書から出されている。

実は、「若い世代に本を一冊勧めるコラムを」と依頼されたときに『絵画を見る眼』を選んだのは、もちろん私が好きな一冊であるためではあるものの、それ以上に普遍的であるためだ。この本を読んでは紹介されている絵画に関して「パッと見ただけでは見えなかったものが、その背景を知ることで見えてくる」という経験を重ねるうちに、こうした現象は芸術に限らず、あらゆる分野に通じると気づいた。

私が長く携わった国際ニュースでいえば、パッと見聞きしただけでは理解しがたい軍事的な挑発行為が絶えない。例えば、先のウィーン取材における北朝鮮の核兵器開発。「慢性的に食料不足なのに、なぜ核に莫大な資金と労力を投入するのか」と誰しもが疑問に思う。しかし、そうした歪んだように映る行動も、歴史的な文脈や経済的な必要性、あるいは地政学的な蓋然性などを知ると違う見方が浮かび上がることが往々にしてある。北朝鮮の場合、東西冷戦が終わりを迎えて社会主義陣営が崩壊状態に陥ったことでソ連などからの経済援助が細り、このままでは自分たちとは桁違いの経済力を持ちアメリカ軍の後ろ盾もある韓国に吸収統一されて消滅するという恐怖感が、核開発へと突き動かした。いつしか、指導部は核兵器を「体制を守る宝剣」とまで呼ぶようになり、体制維持の切り札と信奉するまでになった。

念のために付言すると、北朝鮮のそうした内部事情を知ってそれに同調する、というわけではない。むしろ、平和的に北朝鮮の核開発を終わらせるためには彼らの恐怖感を取り除くことが必須だと分かるように、有効な対策を考えることにつながるのだ。

西洋美術から核開発へと話が飛躍した感も拭えないが、「目の前に現れたモノや人物、現象をより深く理解したい」という思いは、本能に近い気がする。もっというと、森羅万象を自分なりに解釈し、その解釈を自分なりの手法や分野で世界に示すことまで含めて本能的のように思える。研究者は学術的な調査と文章執筆で専門分野を深く掘り下げ、その成果を論文などで提示する。ミュージシャンは恋愛や世相を自らの言葉と旋律に乗せて世に問う。ビジネスマンは自社の商品やサービスの改善を重ねて顧客のニーズに応えようとする。どれも、自分が向き合う対象の背景や論理を深く知った方が、知らない「初見」の状態より、質の高い結果が生まれる、と言い切れる。

高階氏も、『名画を見る眼』のあとがきで、「先輩の導きや先人たちの研究に教えられて、同じ絵を見てもそれまで見えなかったものが忽然として見えて来るようになり、眼を洗われる思いをしたことが何度もある」と書かれている。第一人者でもそうなのか、と素人としては一種の安堵感を覚えるのだが、どの分野であれ、若い人たちにもぜひ「眼を洗われる思い」を重ねてほしいと願う。そうした境地への近道は、読書だといえる。

（いけはた・しゅうへい、ジャーナリスト・元ＮＨＫ解説主幹）

自分自身の内側が映し出されている世界

ガンダーリ・松本

③『運命を拓く』

——中村天風 著

（講談社文庫）

もしも、今あなたが人生で辛い状況にあるなら是非この本を読んでいただきたいと思います。あなたはこの世界に苦しむために来たのではなくて、幸せを感じるために生まれてきたのです。そしてその幸せを感じるためには、困難が必要なのです。苦しみを体験するから、幸せがどんなものか分かります。もしかしたら、あなたは絵に書いたような餅「幸せだけの世界」があると思っているかもしれませんね。本当は、「全てのことには両面」があり、良いと見えることと、悪いと見えることが同時に同じだけ存在するのです。紙の表と裏、コインの表と裏のように…。いいことだけ、悪いことだけの人生はないのです。

全てのことには両面があり、陰と陽、光と闇、ポジティブとネガティブはセットなのです。苦しみや困難があるから、それを通り抜けた時の喜びや幸せがあるのです。私は小さい頃からヨガや瞑想などが大好きでした。自分を鍛え研ぎ澄まして悟りを開きたいというのが願いでした。なぜならば、この世界はあまりにも困難に満ちていて心揺さぶられるようなことばかりがあるような気がしたからです。また、自分だけが幸せでも、目の前の人が幸せでなければ、本当に幸せを感じることはできません。遠い世界の裏側では大変なことが起こり人々が悲しんでいるのに、自分ひとりだけ幸せを感じることはできないのです。

「この世界を変えたい、みんなが幸せに暮らせる社会を創りたい」と思って学生運動をしたことがありました。でも制度や政治を変えようとしても、それが良い方向に向くだけではなく、新たな困難を生み出していくということもわかりました。光があれば闇が必ずできるということなのです。制度ではなく、人々の心、意識が変わらなければ、みんなが幸せになることはできないと思いました。心理学、身体学、脳科学、量子力学など様々な勉強をし、沢山の体験をして、そしてなんとかやっと自分なりの道を見つけ、それを人々に伝え始めた時、中村天風さんの『運命を拓く』に出会いました。とても安堵しました。「私は間違っていなかった、これで良かったのだと…」この本には、私が、10歳の子供さんにもわかるように話しているようなことが、大人の人向けに納得いくように事例をあげながら物事の本質がシンプルに書かれています。松下幸之助先生の一番弟子江口克彦先生から直接お話をお聞きした、『人間大事』『自然の理法』とも通じるところが沢山あります。まだ松下幸之助さんが名もない小さな電気店を経営していた頃、中村天風さんの教えを受けていらしたそうです。

天風さんは、生まれてきたのが戦争という混乱の時代であったことから、なかなか他の人には体験できないような経験をなさったやんちゃな方で、また並外れた精神力の持ち主でした。生と死の狭間を生きてきて、やがて死に至る病になり、死を覚悟した時に出会ったのがインドのヨガの聖者でした。インドに渡りそこで教えを受け、そして悟りを開いたのです。自分は山にこもって悟りを開いたけれども、自分の体験をそのまま素直に受け止め実行すると修行に沢山の時間をかけずに悟ることができるとおっしゃっています。そのために、分かりやすく心の持ち方を言葉にしてくださっているのです。

この本には、人生を支配する法則、潜在意識とその性能について、人生と運命の関係や、人間の生命の本来の面目とは何かというようなことが書かれています。そしてそれだけではなく、日々何を考えているか、どんな言葉を使ってどんな思考をしているかということが、人生と運命を決めることになるのだとおっしゃっています。常に前向き、積極的な思いを持つことによって、自分の人生を創造していくことができるのだと。また、「安定打座（あんじょうだざ）」という方法をやると、大した努力や、困難に合わなくても心が真理と取り組んでいこうという気持ちに自然になるので、真理が心の中に正しい悟りとなって現れてくるのだと。私たちは日々迷ったり悩んだりするのが普通だと思っていますけれども、それがなくなってくるのです。無邪気に真摯に純粋に受け取ろうとする気持ちが大切だということもおっしゃっています。

私は物心ついた時から「人は、どこから来てどこへ行くのか…」ということをずっと考え続けてきました。この本は生命の根元、人の死というものに対する答えも与えてくれます。朝から晩まで欲と感情と感覚に追い回されて、せかせかあたふたと落ち着かない生活ばかり送っている人間に良い運命や健康が得られるはずがない、「悟れば一瞬にして幸せ来たる」とも。

「悟（さとり）」と言うと、どこか遠い人のこと、お坊さんにだけ関係のあることという風に思うかもしれませんが、物事の本質、この世の仕組みがどうなっているのかというとてもシンプルなことを一度理解すると、生きるのがとても楽になってきます。例えば、何かもの事が起こった時に、良いとか悪いとか判断して一喜一憂している人生から離れることができるのです。また物事の両面を俯瞰してみる視点を持つことができ、良いだけでも悪いだけでもなく、その両方がセットになって存在していることが分かります。例えば、自分の欠点は、みなさん直したいと思いますよね？「長所を伸ばして短所を減らす」とはよく言われることです。しかし、その欠点と呼ばれているものの、もう一つの側面は長所でもあったりするのです。「頑固」だと言われている人は、「自分の思いを貫くことができる」

という長所をもっていますし、「優柔不断」と言われる人は、「人のことを思いやる力がある」のです。「愚図」と言われている人は、「丁寧に物事を行うことができる」人だったりします。「自分には、○○の欠点があるから、何もできない」などと、消極的な考え方を持つよりは、その反面である長所に光を当てて、それをどんどん積極的に使っていった方が、人生がより豊かになることは容易に想像できますよね？　あなたが自分では欠点だと思っていることは、他の人の目には魅力に映っています。一方あなたが、「どうだ、俺はこんなに凄いのだぞ！」と思っている長所は、他の人から見ると欠点に見えたりするのです。この世界は反転している鏡のようなものだとも言われています。

天風哲学の根本的な考え方は、「この世の中は苦しいものでも悩ましいものでもない。この世は本質的に楽しい嬉しいそして調和した美しい世界なのである」ということ。ところが多くの人はこれを信じないどころか思おうともしないで、苦悩と苦痛と失望と反応に満たされているのがこの世界であると考えています。「幸せだなと思うようなことは、運命的にも健康的にも一度も味あったことがない、だからそう簡単には思えない！」とみんなそう思うのです。でも私たちは、同じことを体験しても、それをどう解釈するかは自分で選ぶことができます。病気で寝ている時に、「なんて自分は不運なのだろう…」と思って、看護師さんや先生に、または見舞いに来てくださった人に愚痴を言って当たり散らすこともできれば、「こうやって見舞いに来てくれる人がいる、なんて自分は幸せなのだろう」「親身になってくれる看護師さんがいて、共に回復させようとして頑張ってくださっている先生がいる、なんとありがたいことだろう」と感謝することもできるのです。たとえ、どんな状況の中にあっても、自分でその時の気分を選ぶことができます。そして、その気分が自分を幸せにもすれば不幸にもするのです。同じ状況の中にあっても天国に住む人と、地獄を見る人がいます。天国と地獄の差は物事の解釈の差でもあるのです。

人生を厳格に支配している1つの法則があります。それは、原因結果の法則です。「蒔いた種の通りの花が咲く」のです。善因善果の法則とも言われています。物事の困難や苦悩を自分以外の、他のものや人のせいにしていると、それでは自分が自分の人生の主人公ではなくなってしまいます。「あの人が変わらなければ…、社会や国が変わらなければ…、自分は幸せになれない」と思っていると一生幸せになることはできません。自分が自分の人生の完全な主人公でなければならないのです。天風さんは、「人間の背後には、人間が何を欲するにも、また何を人知れず思うにも、その一切を現実の形として表そうと待ち構えている宇宙霊が控えている」といいます。「思考が現実化する」とは、皆さんは、どこかでお聞きになったことがあるかもしれませんね。私達は、一瞬一瞬の思いでこの現実を創っているのです。だから、積極的言葉を使う習慣を身に着けるように、常に善良な言葉、勇気ある言葉、互いの地持ちを傷つけない言葉、お互いに喜びを多く与える言葉を使うようにとおっしゃっています。

「自分というものは一人でいるのではない、常に宇宙霊というものに包まれていて、しかも宇宙霊は全知全能の力を持っている。それと結びついている生命を自分が持っているのである。つまり自己というものを無限大に考えて良い」とおっしゃっています。私たちは無限の可能性を秘めた偉大な存在なのです。そしてこの空間で自分から離れているものは何一つなく、また昔から「人の振り見て我がふり直せ」と言われるように、人は自分の鏡なのです。言葉を変えて言うならば、「すべては自分自身の内側が映し出されている」世界なのです。相手に感じることは、自分自身のことです。そしてまた、そうであるならば、相手があなたに向かって言うことは、その相手のことだったりするわけです。誰かがあなたを、「頑固だ！」と言って責めるならば、その言っているその人が頑固、つまり「自分の価値観を持っている」ということなのです。それがあなたと同じであれば、その人はあなたをいい人と言うでしょう。その価値観があなたと真逆のものであれば、その人はあなたのことを理解できない変な人と言うでしょう。

天風さんは、インドで修行していた時、お師匠様からこんな風に言われたことがあります。「お前は自分の使っている言葉によって、自分の気持ちがダメにされたり、あるいは非常に鼓舞され奨励されたりする直接的な事実を少しも考えていないな…」と。皆さんは、常日頃自分自身にどんな言葉をかけていますか？「どうして自分はこんなにダメなのだろう…」「なんて馬鹿なのだ！」と責めたりしていませんか？「良くやったね」「大丈夫、絶対にできるよ、やり続ければ夢は叶うよ！」と励ましの言葉をかけているでしょうか？

天風さんのお願いは、「ただ自分だけが良くなればいいのだ、自分の仕事だけが良くなればいいのだという小さな欲望ではなく、「世界一の日本を作るのだ！　そして、世界中全て、日本の自覚した民族のような、平和な気持ちにするのだ！」というもっとでっかい欲望を持ちなさい」ということでした。私の願いも同じです。あなたがあなた自身をありのままに受け止め愛し、そしてあなたの中にある才能を余すことなく発揮して、あなたが本当にやりたいことをやって、あなたの魂の成長が世界の魂の成長となり、そしてあなたの和やかな心が世界を平和にしていくことです。日本という国はとても稀有な国なのです。八百万の神が住み、そして自分自身が神の分け御霊であるということを知っていました。真理を知る民族であるのです。あなたの中にある真理を思い出していただくためにも、この本は多いに役立ってくれると確信しています。

あなたは決してちっぽけな何もできない存在ではありません。あなたはあなたが思った通りの世界を創造していくことができるとても大きな力を持った存在、創造主なのです。私達は進化と向上という偉大な尊厳な宇宙法則を、この世界に現実化するために生まれてきたのです。やがてこの世界を旅立ってまた次の世界に行く時に、やらなくて後悔したことがないように、思いっきり今を楽しんで生きてください。私たちは幸せになるために生まれてきました。あなたを幸せにするのは、あなた自身です、その他の何者でもありません。あなたの人生、何があっても大丈夫です。すべてのことは完ぺきに備えられています。それが、宇宙の意思、自然の法則だからです。

（ガンダーリ・まつもと、和みのヨーガ研究所代表理事・ＲＣＴハーモナイザー養成校校長）

理想的な学生生活とは

④『学生に与う』

河合栄治郎 著

（桜美林大学北東アジア総合研究所）

松井 慎一郎

学生時代に「何のために大学に行くのか」あるいは「学生の本分とは何なのか」という疑問をまったく抱かなかった人はさほど多くはないだろう。まして大学進学率が5割を超える今日、将来のための資格取得や技術修練といった明確な目的がない限り、多くの学生がこうした疑問を抱いているのではないだろうか。高額の学費を捻出するために遠距離通学し課題提出に追われるなかでバイトを入れて多忙を極める学生たちの悲鳴を耳にする機会が多々ある。そこまでして大学生であり続ける価値があるのだろうかと。

かつて私もそうした疑問を抱いた一人であった。40年近く前、大学に入学したのは、考古学を学びたいという明確な目的があったからである。入学直後から考古学研究室に出入りし、遺物整理や発掘に積極的に取り組み、将来は埋蔵文化財関係の仕事に従事することを夢見ていた。しかし、最初の春休みに参加した奈良県の遺跡で先輩たちから「いじめ」にあった。その当時は明確に意識していなかったが、一回生の学力・技術ではおよそ不可能なことを押し付けられ失敗すると強く罵られたこと、一緒に参加していた同級生のA君が帰りの電車のなかで「死んじゃおうか」と突然つぶやいたこと等を思い起こすと、まさしく「いじめ」に外ならなかった。件のA君は、強靭な意志の持ち主で、卒業するまでその遺跡に関わり続けたのに対して、私は半年も経たないうちにドロップアウトした。トラウマから土器や石器を見るのにも嫌気がさし、考古学を断念した。大学に入った目的そのものが崩壊したのである。

高額な授業料を支払ってくれている両親のためにも大学に残る決意はしたものの、何をしたらよいのかまるでわからない状態となった。時はバブル全盛期、学生の多くはブランドファッションに身を包み、勉強するためというより遊び相手を見つけるために通学しているといった雰囲気であった。授業評価アンケートなるものを実施して教育力もそれなりに求められる今日とは違い、学生を眼中に置くことなく、ひとりよがりの授業を展開する教員も少なくなかった。女子学生が体調不良のため椅子から転がり落ちてもなお気づかずに坦々と授業を続ける教員さえいた。

大学に通う意味がわからず悶々としていた或る日、友人の下宿部屋の本棚で偶然目に止まったのが、河合栄治郎著『学生に与う』であった。著者の名前は聞いたことがある程度であったが、大学の意義を求めて彷徨していた身からすると、そのタイトルに強く惹かれるものがあった。とりあえず友人から借りて一晩読み耽った。１９４０年に刊行された本書は、戦時下にもかかわらず、大学の意義だけでなく、人生の目的に関しても哲学的な考察がなされ、情熱的かつ明解な文章で記されており、たちまち魅了された。

著者の河合栄治郎は、大正から昭和初期にかけて活躍した社会思想研究者・社会評論家であったが、軍部ファシズムを痛烈に批判したため、職場の東京帝国大学経済学部を追い出され、出版法違反として起訴された。公判の直前、一気呵成に書き下ろしたのが本書であった。

本書前半の構成は、「一　はしがき」「二　社会に於ける学生の地位」「三　教育」「四　学校」「五　教養（一）」「六　教養（二）」「七　学問」「八　哲学」「九　科学」「一〇　歴史」「一一　芸術」「一二　道徳」「一三　宗教」というように、著者持ち前の理想主義思想の観点から独特な学生論、教育論、学校論、教養論、学問論などが展開される。

カネや経済を至上とする当時の時代風潮に反撥していたこともあってか、「真」（真理的価値）、「善」（道徳的価値）、「美」（芸術的価値）を調和し統一した主体を「人格」と言い、それを最高目的であると主張して、「富も地位も我々の身体も亦、物件であって決して目的ではない」と断言する理想主義の魔力にたちまち取り憑かれた。それまで、教師の価値や教育の可能性に懐疑的であったが、次の文章は私の将来をも方向付けるものとなった。

教師は何よりも教育者でなければならない。彼は自らが苦しみ悩んで人生を生きたものでなければならない。彼は人生を生きるが為に、学問と真理との価値を体験したものでなければならない。彼は曾ての自らと同じく人生の門出に立つ学生に、同情と愛とを抱くものでなければならない。教師！ 人生の分岐点に立つ若人に、潜める心霊に点火して、之を人生の戦いに駆ること、世に之ほど神聖な職業があろうか。之こそ聖職と呼ばれねばならない。

順風満帆のエリート街道を歩んできた者こそ人を導く資格を持つのだという従来の教育観は大きく打ち砕かれ、苦しみ悩んでいる自分にも教師になる資格が十分あると思わせられた。

本書の後半は、「一四 読むこと」「一五 考えること、書くこと、語ること」「一六 講義、試験」「一七 日常生活」「一八 修養」「一九 親子愛」「二〇 師弟愛」「二一 友情」「二二 恋愛」「二三 学園」「二四 同胞愛」「二五 社会」「二六 職業」「二七 卒業」というように、最高目的である「人格」を成長させるための具体的なアドバイスがさまざまな観点から展開される。「人格」の成長を説く教養書・哲学書は多くあれども、そのために必要な学生生活とはいかなるものであるのかを懇切丁寧に説いているところに、本書の最大の特徴がある。

「古典を読まなくてはならない。時間と空間を超越して、人である限り何人の胸奥にも触れうる普遍性を持つものが、あの古典である」との読書論は、当時、岩波文庫にエントリーされている古典的名著を読むことにチャレンジしていた我が背中を押してくれるものであり、また、「難解な書物とか講演とかに接して、分からないのは自分が悪いのだと思い、分からないだけ深さがあるなどと、奇妙な評価をする人があるが、謙遜のほどは羨ましいが、其の愚や到底及ぶべからざるものがある。難解なことを書いたり喋ったりする人は、早く思想界から淘汰しなくてはならないと思う」との文章は、教科書をはじめとするアカデミズムの難解な文章にしばしば躓いて卑下しがちであった自己を大いに慰めてくれるものであった。

とりわけ、「一九　親子愛」から「二五　社会」までは、他者への愛を説いた部分であり、ここに著者の人間としての大きさと温もりを感じ取ることができる。「親は祖国や故郷と同じく、我々を本然の我に返らせるインスピレーションを持っている。親に孝を尽す時の子は、現世の爵位も勲等も忘れ、学問も芸術も脱いで、唯襁褓《むつき》の幼児の如くになる」という「親子愛」、「人の憂いに泣くことは人でありさえすれば出来るが、人の喜びに舞うことの出来るのは、友でなければ出来ない」という「友情」、「恋をいい加減に為す人間は、学問も道徳も人生も、いい加減に御茶を濁す卑劣漢である。恋を契ったものとは、壇の浦まで運命を共にする覚悟がなくてはならない」という「恋愛」、人間関係が希薄になった今日からすると時代錯誤の感は否めないが、理想的な愛のありようを説いているのである。

　また、特定の個人間に結ばれる「特殊愛」として「親子愛」「友情」「恋愛」に加えて「師弟愛」を主張する。「世に美しい人と人との結合があるとすれば、それは師弟の結合であろう」との文章は、教育現場や習い事における師弟関係が消滅しつつある今日、強烈なインパクトを与える。ここでいう「師弟」とは、単に学問や技術を授ける者と授けられる者との関係ではない。「師と弟子とは影の形に添うが如くに共に在る。師は弟子を知り弟子は師を知る。彼らは互いに知己である。師は弟子の成長を見守って、己れの為なるが如くに、弟子の成長を祈る。弟子は師の前に伏して、其の口より漏れる一言も聞き洩らすまいとする。一は懇切な指導を以てし、他は敬虔な感謝を以てする」といった一体不二の関係である。人生を共に戦う共闘者としての強固な人間関係である。当時、弟子たちとともにファシズムとの壮絶な闘争を繰り広げていた著者の率直な思いが滲み出ている。

　そして、「特殊愛」だけでなく、「不特定多数の対象に対する愛」（「一般愛」）として、「学園」「同胞愛」「社会」を説くところに、本書を私が「今、あなたに勧める」最大の理由がある。本書ではまず我々を取り巻く社会を「学園」という身近なところから論じていく。

広く学園全体を眺めると、諸君の顔も名も知らない数百の同僚がいる。彼等と諸君とは話をしたことも、仕事を一緒にしたこともないかも知れない。然し彼等も同じ学園に繋がれる同志である。彼等の中で苦しみ悩んでいるものがあれば、諸君はそれを分有することを心掛けなくてはならない。彼等の中から破廉恥なことをするものが出れば、それは諸君の共同の責任である。彼等の中で善人が苦しめられ悪人が横行しているとすると、それを袖手傍観《しゅうしゅ》しているのは、善人の為には勿論、悪人の為にもならない。それのみか、それを傍観しているものの衷に善が萎縮し悪が擡頭することである。更に同僚ばかりではない、学園の中の食堂には給仕があり賄方《まかないかた》があり、学校や寄宿舎には小使があり婆やがいる、彼等も亦学園の一員である。彼等に対しても、学園の成員だと云う同類意識が起こらなくてはならない。

顔の見える人間同士のつながりである「特殊愛」とは異なり、「学園」をはじめとする「一般愛」は、普段さほど意識することはないかもしれないが、厳然として存在する紐帯である。「人格が最高価値だとすれば、人格となりうべきあらゆる人は、現実に於ける最高価値と云わねばならない」という自己のみならず他者の「人格」をも最高価値とする理想主義の帰結は、他人事を自分事として捉えてその改善に積極的にあたっていくというものであった。

戦時下の1940年という制約上、本書では「同胞」の範囲を「言語、風俗、感情、思想、歴史等々を共通にする人間の集団」すなわち「国民」としているが、「我々の一般愛の対象即ち同胞は、往々にして国民を越えることがある。日本人だから殺してはよくないが、米国人なら殺してもよいとは思わないし、日本人なら暴利を貪《むさぼ》ることは慎むが、印度《インド》人なら暴利を貪るとも差し支えないとは思わない」との文章やその「人格」の位置付けから考えて、究極的な理想として「人類」にまで「同胞」の範囲を拡大しようとしていたことは確かである。

そして、「若し我々に一般愛があるならば、我々は社会の改革者とならねばならない。苦しみ悩む沢山の同胞が、我々の周囲に在る。我々が教養を努めている時に、教養の意味さえも分からず、否生きることさえ出来ないものが沢山にいる。之を袖手《しゅうしゅ》傍観しているものが、自我が成長したとは云われない」というように、自己のためではなく「苦しみ悩む同胞」のために積極的に社会を改革すべきことを説くのである。しかし、その改革方法は、革命やテロ等の「非合法による改革」でもなければ、「遵法による現状維持」でもないという。著者が主張するのは、「合法による改革」すなわち「議会主義」である。

我々のすべてが自己の代表者を選挙し、彼等をして議会に於て率直に主張を為さしめ、最後に多数決により決定する。此の決定には男らしく服従する。若し改革を主張するものが多数であれば、多数決によって改革は決定されることになる。之は固《もと》より非合法ではない、然し現状維持でもない。法律の全体系への尊敬を持ちつつ、而も社会の改革を為しうる、最も合理的の方法である。此の場合に改革に参加するものは、あの一部の運動者ではない、国民のあらゆるもの――学者も牧師も芸術家も官吏も会社員も、八百屋も靴屋も酒屋も――が改革に参加する。啻《ただ》にそれのみか、あらゆる国民は代表者の選挙に当たり、自己の職場を越えて国民全体の問題に関心を持たざるをえなくなり、「聴くこと」「読むこと」「考えること」を為さざるをえない。各自の狭《きょう》隘《あい》な専門、職業を超克して、全国民的の問題に関心を抱くこと、之こそ正に教養である。

昨今の裏金問題をはじめとする政治家の不祥事は、我々から政治への期待を大きく奪い、選挙という行為を遠ざけるものである。しかし、我々の投じる一票が社会を変革するための第一歩であることも事実である。傍観者ではなく、主体者・当事者として社会と関わっていくこと、これこそ世界戦争の危機を迎えている今日、我々にとって不可欠な態度ではなかろうか。80年以上前の古典は、現代書以上に現代社会の解決策を呈示してくれるのである。

（まつい・しんいちろう、跡見学園女子大学教授）

「いざ、進まん、未知の世界《テラ・インコグニタ》へ！」

川成　渉

⑤

『世界探検家列伝　海・河川・砂漠・極地・そして宇宙へ』

――ロビン・ハンベリ・テニソン著　植松靖夫訳

（悠書館）

昨今、若者の周囲にはあまりにもバーチャルな世界が多すぎると思いませんか。この何とも補足できない世界にどっぷりつかっていることと、実社会に対して斜に構えて自分の殻に閉じこもっていることが、私には表裏一体になっているように思えてならない。これでは現状を打開するモチベーションが生れてこないであろう。

さあ、こうした日常の世界から脱出してみようではないか。非日常の世界、換言すれば、「テラ・インコグニタ（未知の土地）」を自分の両手両足でしっかりと分け行って肉眼で事象を確認してみよう。それを冒険と呼ぶか、探検と呼ぶかはともかくとして・・・。

ところで、人類の起源はアフリカだとする説が有力であるが、その人類がアフリカの大地溝帯を通って、世界の果てまで突き進んできたのである。人類の歴史は、間違いなく、冒険と探検の歴史と言える。

本書は、40人の世界的な探検家の様々な輝かしい「発見」や「知見」などを珍しい写真や図版、さらに特異なエピソードを挿入して詳らかにしている。

その先達は何といっても、15世紀末の「大航海時代」を切り開いたのは、イタリアはジェノバの航海士コロンブス（１４５１～１５０６）だ。

そして彼の後に続く探検家の中で圧倒的に多いのは、何故かイギリス人。さすが「探検家王国」であり、19世紀末には地球上の陸地の4分の1を支配していると豪語し、他のヨーロッパの列強と称する国々を全く相手にせず、「パクス・ブリタニア（大英帝国による世界平和）」を標榜し、１９０２年にようやく辛勝したボーア戦争（南アフリカ戦争）終結時まで「栄光ある孤立《スプレンディド・アイソレーション》」政策を堅持してきたのだった。それ以降、急速に強化してきたドイツ帝国に対する自衛を目論み、その隣国と同盟関係を結ぶ。英仏通商、英露通商、日英同盟もしかり。

だが、今、ここで、話をコロンブス時代に戻したい。私は、コロンブスの説明に、「大航海時代」と言った。これはわが国では人口に膾炙《かいしゃ》されている便利な言葉だからである。

しかし、こんな大袈裟な言葉は日本だけのものである。ヨーロッパ諸国の15世紀末から17

世紀にかけては「発見の時代」と言われていた。ちなみに、コロンブスがはじめてスペイン国王の支援を受けてサンタ・マリア号で「到着」した島を「サン・サルバドル」と命名した。そして上陸したコロンブスは武装した乗員を従えてスペイン王旗と十字架をもって海岸に恭しくひざまつき、さらに直立して「父なる神の御名により、イサベル女王およびフェルナンド国王の御名により、この地をスペイン王国の領土とする」と天を仰いで宣言したのだった。コロンブス一行を遠巻きに見ていた原住民たち（コロンブスはインドに到着したと誤解して彼らを「インデオス（インド人たち）」と呼んでいた）には全く訳の分からぬ儀式であった。第一スペイン語は全く分からない。ところが、その後のスペインの中南米諸国における植民地政策は人道に反する行為であったのは、すでに歴史的に確認されている事実である。スペインから中南米に渡ったスペイン人は自らを勇ましい「コンキスタドール（征服者）」と呼称する個人事業者であり、自らの資産で兵力を確保して中南米制圧作戦を断行した。中でも、エルナン・コルテスは約６００人の兵士を指揮してメキシコのアステカ王国を滅ぼし（１５２１年）、またフランシスコ・ピサロは約１８０人の兵士を指揮してインカ帝国を滅ぼし（１５３３年）、両コンキスタドールは莫大な財宝を獲得したのだった。

それから約５００年後の１９９２年夏のスペインで、バルセロナ・オリンピック、セビリャ万博、中南米発見５００年祭の３大イベントが開催された。それに対して、直ちに中南米諸国から、「発見」とは何事だ、と厳しい抗議の声が沸き上がった。コロンブスなんぞが来る前から自分たちの祖先はちゃんと平和に過ごしていて、野蛮なスペイン人が侵入してきて悲惨な植民地にしてしまい、こんな「500年祭」なんぞ粉砕すべしといった大掛かりな抗議運動が中南米全域に拡散したために、慌てたスペイン政府は、「発見」という言葉を、「到着」という言葉に変えて、ようやく一件落着となったのだ。それ故、この時代をヨーロッパ人の「地球の各所に到着の時代」となる。当時のスペイン領フィリピン（フェリペ王太子の名にちなんで命名された群島）は日本制圧の最前線地点であった。それ故に、中南米式の植民地化に暗躍したカトリックの修道会に倣い、フィリピンに本拠を置いたフランシスコ会、イエズス会の修道士がまず日本に布教と称して入国してきたのだった。その後の日本の支配者たちがどう対応したか、日本史の示す通りである。

ところで、「発見の時代」のイギリスは三流国、後進国であった。スペインが「陽の沈むことなき大帝国」の中南米植民地から残虐にも金・銀その他の財宝を無慈悲にも搾取し、本国への輸送途上の「銀船団」を大西洋上で襲い掛かったのはドレイクやホーキングなどの海賊の棟梁たちが率いるイギリスの私掠船（つまり女王エリザベス1世が後援していた「海賊船」団）であった。それにしても、東洋の諸地域の植民地化を目論んでいたイギリスは、アフリカ南端を回りインド洋を経てインド・中国に向かうポルトガル航路や、南米の南端を回り太平洋を北上して、メキシコのアパカルトからフィリピンへ向かうスペイン航路のどちらも使えなかった。

ちなみに、日本に初めてキリスト教を伝導したイエズス会のスペイン人フランシスコ・ザビエルは、インド、中国、日本に向かうのに、まだ太平洋を横断する大胆なスペイン航路は存在しなかったために、まずポルトガルのイエズス会のコネを利用して、ポルトガル国王からの許可を拝受し、ポルトガル船に乗り込み、アフリカ南端を経由して、インド洋を経て、インドに到達したのである。当時としてはアジアに向かう最短航路だったのである。

この時代、帆船が大海を航海するには航路に適合する海流と風が絶対必要だった。ということは、航海先進国が開発した航路を辿るなら、当然、帆船で上陸できる食料や水などの補給のための停泊地は決まっており、そうした地点にはそこを守る自国の守備隊が必ず常駐しており、外国船にとってはそれこそ命がけの停泊ということになる。他の航路を開拓せざるを得ないのだった。つまり、イギリスは、ポルトガル航路とスペイン航路を危険なので断念し、新たに北極圏航路（伝説の北西航路）を探検・開拓せざるを得なかったのだ。現在なら、そんな厳しい航路の発見・探検など考えないが、当時としては必至であった。もちろん、幾多の英雄も生まれた。例えば、１８４５年に北極圏に向けてイギリスを出港し、１２９人の乗組員とともに忽然と消息を絶ったサー・ジョン・フランクリン大尉の2隻編成大型汽船の捜索活動は長期間続けられた。結局、全員餓死などで亡くなっていたことが判明するが、幻の「北西航路」の発見や北極圏の解明に貢献したのであった。実は、フランクリン大尉は克明に探検日誌をつけていて、それが発見されたのだった。さすがイギリス人は「経験論」の国民である、彼の日誌がまさしく生きていたのだった。

その後、北極点に到達したノルウェー人のフリチョフ・ナンセン博士（1861〜1930）は、彼らの足跡をたどり、技術面での限界があったものの、改めてフランクリン大尉の部隊の根性と勇気をたたえ、「かんじきを知らない国に生れたのは彼らの責任ではない」と記している。ナンセンは探検家人生を終えてから、外交官に転身し、初代駐ロンドン大使を嚆矢として、やがて多様な国際的な機構に関与し、第1次世界大戦後の国際連盟創設にも重責を果たしたのだった。その後難民高等弁務官として、難民たちに「ナンセン・パスポート」を発行した（1921年）。それは最終的には52ヵ国に承認され、翌年ノーベル平和賞を受賞した。実に変わった極地探検家であった。

また同じノルウェー人の極地探検家ロアール・アムンセン（1872〜1928）も、「実におかしなことだが、サー・ジョン・フランクリンの日誌の中で、私の心にいちばん訴えたのは、彼とその仲間が耐えた苦難の様子だった。同じ苦難に耐えて見せようという奇妙な野心が私の中に激しく燃え上がったのだ。青春時代の理想主義は往々にして殉難に向かうものだが、私の場合は、北極探検という形で使命感が発露したのかもしれない」と述べている。

もう一人、探検家を紹介しよう。この探検家のフィールドは大海ではなく人類未踏の砂漠である。ハリー・セント・ジョン・フィルビー（１８８５〜１９６０）は、レバノンで生まれリビアで亡くなったのだが、生粋のイギリス人である。現在もよく見かけるが、旧植民地や外国で生活しているイギリス人の中産階級以上の子弟が就学期になると本国に帰り、そこで予備校的な学校で教育を受け、ドミトリー付きの名門パブリック・スクールに進学し、やがてオクスフォード大学やケンブリッジ大学に進学する。フィルビーも同様に「ザ・ナイン（９校）」と呼ばれる名門パブリック・スクール、ウェストミンスター校に入学し、そこで国王奨学生（キングス・スカラー）となり、ケンブリッジ大学トリニティ・コレッジに進学し、東洋の言語を専攻した。卒業後外務省に入省するが、外務公務員としての忠誠心や団結心が欠けていることが判明し、直ちにメソポタミアの派遣軍に配置換えされる。これこそまさに適任であった。アラビアの砂漠探検を開始する。フィルビーはフラーフからハイフアを通り、それから１３００キロ以上の距離を西に進み全く何もない人類未踏の砂漠を横断してメッカにたどり着いた。井戸と井戸の距離がなんと６４０キロ以上もあり、水をラクダの鼻からめいっぱいに注ぎ込まなければならない。ラクダでさえ脱水症状を起こすからである。こうした探検を続けるうちに、彼はキリスト教を捨て、イスラム教に改宗する。これとほぼ同時にイギリスの国益を考えることもやめてしまい、サウジアラビアとアメリカの石油会社とのあいだでの石油の売買交渉を成立させ（１９３９年）、これが中東におけるイギリスの国益が大幅に縮小することになった。彼は、砂漠探検家として国内外の様々な機関から表彰されるが、イギリス政府から常に厳しい監視がつけられたのだった。1939年の下院の補欠選挙に反戦平和候補として立候補するが、あえなく落選。第2次世界大戦期に身の安全のためにサウジアラビアに移るが、たまたま無謀にもインドに入国すると、イギリスの戦時特別法で逮捕され、本国に強制送還され獄舎に繋がれることになった。その後釈放されてアラビアに戻った。新国王はフィルビーの体制批判にいら立ち、彼は余儀なくレバノンに亡命し、1960年にリビアで亡くなった。探検家として、フィルビー以前も以後も、あれほどアラビアの言葉、宗教、文化、習慣などに全身全霊を打ち込んだイギリス人は確かにいない。それ故にというべきか、彼の墓碑に「最も偉大なアラビア探検家」と刻まれている。

本書は、こうした人類未踏の海原や極地や砂漠、そして宇宙などでの時には命懸けの艱難辛苦な活動も含めて、読む君たちを壮大な「テラ・インコグニタ」の世界へと誘ってくれるであろう。

（かわなり・わたる、弁理士・川成渉国際特許事務所）

自由の灯を守りぬくために

新美　貴英

⑥
『私の常識哲学』
——長谷川如是閑 著

(講談社学術文庫)

現代は、多様性の時代といわれる。異なる価値観や文化が共存し、互いに尊重し合いながら、社会を営むことが求められている。かつては、均一性や同質性が重んじられた時代もあった。しかし、今や人々が持つ多種多様な価値観を尊重し、そこから新たな価値を見出すことが大切だとされる。

では、こうした多様性の時代を生きていくには、どのような考えを拠り所にしたらいいのだろうか。それは、「自由主義」だ。「ナンダ、そんなの当たり前じゃないか」と思われるかもしれない。しかし、人類史を紐解けば、自由主義者が大きな顔をしていられた時代は、ほんの短い期間に過ぎない。近代以降も、しばしば自由主義は危機に瀕してきた。自由主義が危機に瀕するとき、国家主義や全体主義が台頭した。全体主義に支配された地域においては、多様性は当然失われた。

自由主義は、ときに対立することもあるさまざまな宗教や思想、集団や国家、文化や文明などの「共存」を可能とする「枠組み」である。「多元主義」と言い換えてもよい。自由主義の価値を考えることは、多様性を尊重する現代社会において極めて重要である。その価値をより深く考えるには、歴史を遡り、「日本における自由主義」を体系的に考えてみることも必要だろう。

こうした問題意識を踏まえ、本稿では、大正デモクラシーの代表的な言論人であり、真の自由主義者であった長谷川如是閑の前半生を紹介し、彼の著作『私の常識哲学』を皆さんに推薦したい。

長谷川如是閑は、1875年(明治8年)11月30日、東京下町の深川木場で、山本徳次郎・山本たけの四男一女の次男として生まれた。本名は、山本萬次郎といった。

山本家は、江戸時代初期に三河から江戸に出て、徳川幕府から俸禄を受けていた城大工の棟梁であった。江戸時代を通して大工稼業であったが、明治維新を機に、材木商に転じた。1868年(明治元年)に神田で材木店「三河屋」を開き、1874年(明治7年)に深川木場に移転した。深川木場に移転した次の年、如是閑は生まれた。江戸っ子と呼ぶには、〝三代続けて江戸生まれ〟でなくてはいけない、などと俗に言われるが、如是閑はその意味でも生粋の〝江戸っ子〟だった。

その後、如是閑の父は材木店を閉じ、浅草に動物園や植物園を備えた遊び場「花屋敷」(現在の「浅草花やしき」)を開業した。さらに「奥山閣」という五層の楼閣も建て、関東大震災で焼失するまで浅草の名物であった。

材木置き場で有名な深川木場、そして下町情緒あふれる浅草で、商人や職人といった庶民階級の人々と触れ合い、如是閑は育った。庶民生活への心情的な思い入れが、如是閑の根底に宿ることとなった。如是閑は、生涯にわたって自由と庶民生活を愛し続けた。その一方で、権威主義や官僚主義を忌み嫌い続けた。

父親の徳次郎は、自由民権運動の熱心な支持者であった。彼はとくに、立憲改進党系の新聞『朝野新聞』や『郵便報知新聞』を愛読していた。言うまでもないことだが、立憲改進党は大隈重信によって結成され、英国流の立憲君主政治を目指した政党である。父親の考えは、確実に如是閑にも受け継がれていくこととなった。

父親の方針のもと、如是閑は、私学教育の道を歩むこととなる。10歳の時、如是閑は坪内逍遥の家塾に入学した。坪内逍遥は、東京専門学校(現早稲田大学)でイギリス憲法史を講義する一方、日本で初めてシェイクスピアの『ジュリアス・シーザー』や『マクベス』といった作品を紹介するなど、当時の英学の第一人者であった。その塾で如是閑は、幼いながらも他の塾生とともに、逍遥の座談に耳を傾けた。

逍遥の家塾に入塾した翌年の1886年（明治19年）、如是閑は小石川にあった中村正直の同人社にも入学し、英語を学び始めた。中村正直は、明六社の同人であり、スマイルズの『Self-Help』（邦題『西国立志編』）や、J・S・ミルの『On Liberty』（邦題『自由之理』）の訳者として名を馳せた、明治時代を代表する英米系知識人である。如是閑は、坪内逍遥と中村正直という、当時の一流英米系知識人二人から薫陶を受けることとなったのである。

その後、如是閑は神田淡路町の共立学校（後の開成中学）を経て、1890年（明治23年）には東京英語学校（後の日本学園）に15歳で入学し、約3年間在学した。東京英語学校は、雑誌『日本人』の創刊メンバーの一人である杉浦重剛が校長を務めていた。如是閑はこの頃から、雑誌『日本人』や新聞『日本』を愛読するようになり、後年には自らも新聞『日本』に記者として入社することとなる。

如是閑は、私学の自由な学風の中で教育を受け、その精神を深く体得していた。1893年（明治26年）、18歳になった如是閑は、東京法学院（現在の中央大学）の英語法律科に進学した。その選択の背後には、英国学派が主流を占める東京法学院への憧れがあった。

幼少期より英米系知識人の影響を受けて育った彼は、大学選びにおいても英国学派の存在を重要視し、その学風に共鳴する道を選んだのだった。

東京法学院を卒業後、数年の療養生活を経て、長年憧れていた新聞『日本』に如是閑は入社した。１９０３年（明治36年）秋、28歳の時だった。その3年後、１９０６年（明治39年）には、三宅雪嶺らとともに雑誌『日本及日本人』に移籍した。１９０８年（明治41年）には大阪朝日新聞社に入社し、約10年間を大阪朝日の新聞記者として過ごした。１９１８年（大正7年）に「白虹事件」に巻き込まれ、大阪朝日からの退職を余儀なくされた後は、自ら雑誌『我等』（のちに『批判』と改題）を創刊し、独立した言論人として活動を続けていった。この頃から、大正デモクラシーを代表する思想家として、如是閑はその名を高めていったのである。

如是閑の前半生を振り返ると、彼がどのような環境で学び、成長してきたかが浮かび上がる。彼の言葉を借りれば、「イギリス学」、すなわち英国流の教養が彼の精神に深く刻み込まれていることがわかる。その如是閑が考えたのは、「イギリス学」こそが真の自由主義、民主主義をもたらす思想であるということであった。反対に、「ドイツ学」は国家主義や全体主義を正当化し得る危険な思想であると彼は見なしていたのである。

ここで簡単に、「イギリス学」と「ドイツ学」の思想的違いについて触れたい。如是閑の言う「イギリス学」の思想は、「経験論」といわれる。それに対して「ドイツ学」の思想は、「観念論」と呼ばれる。「経験論」は、全ての知識の源泉を「経験」に置く思想である。政治思想としては、歴史や伝統を重んじ、理性を絶対視せず、急激な変革を避ける傾向をもつ。それに対して「観念論」とは、理性や理念を重視し、理性や理念に基づいて社会を設計しようとし、時に根本的な社会変革を志向する傾向をもつ。如是閑は、この「観念論」、すなわち「ドイツ学」の危険性を鋭く批判した。その中でも特に警戒していたのは、ヘーゲル学派の国家思想であった。ヘーゲル学派が国家を神聖視し、絶対視する姿勢に対して、如是閑は多くの論説を通じて強く批判したのだった。

上記のような如是閑の〝「ドイツ学」嫌い〟は、戦後にも引き継がれていった。明治・大正と受け継がれてきた自由主義・民主主義的傾向は、健全な発達が途中でくじかれてしまった。その結果、昭和初期における全体主義化、軍国主義化となった。すなわち、国家主義が席巻してしまった。ではなぜ、国家主義が席巻してしまったのか。如是閑に言わせれば「ドイツ学」が原因だということになる。当時の帝国大学、すなわち官学アカデミズムは、「ドイツ学」によって支配された。そして「ドイツ学」は、国家主義を正当化していく根拠を提供してきた。如是閑は戦後に至って、それ見たことかと言わんばかりに、「ドイツ学」を徹底的にこき下ろしている。

ドイツ式のフィロソフィーを、明治の末から大正、昭和の末にかけて日本人が受け取ったのだから、そしてそれを受け取った指導者・知識人というものが、日本の歴史を作る責任に当たったのだから、日本の歴史の誤ちは、つまりドイツ哲学の誤ちです。

現代の中堅人や指導者、また教育者などが、このドイツ哲学の誤りをはっきり自覚しない以上、日本はその大正、昭和の誤りを繰り返すおそれがある、ということを私はいつも言っているのです。（『私の常識哲学』64-65頁）

「ドイツ学」を厳しく批判した如是閑だった。別の視点からいえば、彼は、「イギリス学」を自らの武器として、個人の自由と民主主義のために戦い続けたジャーナリストだったといえる。そして如是閑が説いたのは、「イギリス学」こそが日本の伝統的思想に最も合致するということである。如是閑は、単なる「欧化主義者」ではない。彼は先述の通り、新聞『日本』を原点とするジャーナリストであった。西洋の政治思想をいかに日本に移植し、育てるかに腐心した人物だった。如是閑は若い頃から東洋思想や日本思想を熱心に学んでいた。「イギリス学」が日本の土壌でどのように育つかという問題意識は、彼の著した一連の日本論にもふんだんに表れている。

ここまでの議論を整理しよう。真の自由主義、民主主義は「イギリス学」から生まれると如是閑は考えた。そして、東洋思想、日本思想は、「イギリス学」に近いと主張した。その結果、日本において自由主義、民主主義が健全に発展し得るという確信に到達したのだった。そのうえで、彼は「ドイツ学」を厳しく批判したのである。

さて、先ほども一部引用したが、こうした如是閑の考え方が一冊にまとめられているのが、『私の常識哲学』である。本書は、ＮＨＫラジオでの連続講演を基に編纂されたもので、１９５５年（昭和30年）、如是閑が80歳の時に刊行された。ラジオ講演という形式もあり、非常にわかりやすく書かれている。歴史、思想、文化などについて、軽妙に語られており、まるで如是閑の声が聞こえてくるかのようである。多様性のある社会で生きていくために、そして自由な社会がますます実現していくために、ぜひ一度お読みいただきたい。

（にいみ・たかひで、安田女子大学専任講師）

「編集後記」

今まで、アジア・ユーラシア総合研究所から『読書のすすめ』『新・現代の学生に贈る』『生涯読書のすすめ』を出版してきましたが、今回7年ぶりに新企画での出版です。

われわれが推薦した本を読んでみていただきたいと思います。

読み終えて、もしネガティブな印象でしたら、少し時間をおいてもう一回その本を読んでみてください。人によって様々ですので、うまく説明できませんが、もしかしたら二回目は全く違った感想を抱かれるかもしれません。われわれも経験しておりますが、読書というものはそういうものなのです。

そういえば、古代ローマ帝政期の政治家、哲学者、詩人、皇帝ネロの師セネカ（前4？～後65）は、本は「魂の鏡」となり、読む人の精神をも映し出す、と言っておりました。ということは、読書とはやはり本と読み手の対話だったのです。

ところで、だれでも読書ができる環境の実現を目指すために、わが国では、2019年に「読書バリアフリー法」（視覚障碍者等の読書環境の整備の推進に関する法）が施行されました。特に目の不自由な方、弱視の方には大活字本、あるいは拡大読書器、盲目の方には指で読む点字図書、耳で読む録音図書、音訳者による対面朗読などで読書ができます。それにしても、こうした様々な補助的なものでも読書ができないお気の毒な方がおられます。病気で視力を失い、末梢神経麻痺により指先の感覚も失ってしまい、感覚が残っている唇と舌で点字をまさぐりながら、読んでいるのです。「舌読」といわれております。点字は6つの点ですべての文字と数字を表しております。最初は唇や舌で紙面を血で真っ赤にしたそうです。それを自分ではわかりませんので、近くの人が教えて下さることもありました、と述べております。

別言しますと、本を読むという自分の「最高の希望」を叶えるために「死にもの狂い」で舌読を会得しているのです。その人は3カ月を過ぎた頃に、点字本（森鷗外の『高瀬舟』）を読了することができたそうです。とても嬉しい、そして尊い体験ではないでしょうか。これほどまでしても、本を読みたい人がおられるのです。

どうか皆さんは、こうしたハンディキャップを持った人たちが大変な苦労をしながら読書をしていることを決して忘れないでいただきたい。

最後になりますが、ご多忙な中、本書にとっておきの「1冊の本」を紹介してくださった執筆者の方々に深甚なる謝意を表したいと思います。ありがとうございました。

川成　洋　河野善四郎

2025年3月

今、あなたに勧める「この一冊」

2025年3月31日　初版第1刷発行

編　者　川成　洋　河野　善四郎
発行者　小島　明
発行所　一般財団法人 アジア・ユーラシア総合研究所
〒194-0213　東京都町田市常盤町3758　桜美林大学研究棟B
E-mail: ayusoken2021@gmail.com
印刷所　株式会社厚徳社

2025 Printed in Japan
ISBN978-4-909663-46-7
定価はカバーに表示してあります
乱丁・落丁はお取り替え致します

好評発売中

河合栄治郎 著作選集

●全五巻（別巻一）

四六判・縦書・上製
各巻二、五〇〇円（税込み）

五巻セット価格 一二、〇〇〇円
七巻セット価格 一五、〇〇〇円

【第一巻】―『教育・教養論』
編集：湯浅博（産経新聞客員論説委員）

【第二巻】―『社会思想家論』
編集：川西重忠（桜美林大学名誉教授）

【第三巻】―『二・二六事件他 時局論』
編集：松井慎一郎（聖学院大学准教授）

【第四巻】―『人物論』
編集：清滝仁志（駒沢大学教授）

【第五巻】―『国家論・自由に死す』
編集：芝田秀幹（沖縄国際大学教授）

【別　巻】―『唯一筋の路』
編集：河合栄治郎研究会

河合栄治郎《かわいえいじろう》

1891年2月13日、東京・千住生まれ。第一高等学校時代に新渡戸稲造と内村鑑三によるキリスト教思想の感化を受ける。東京帝国大学では政治学を小野塚喜平次に学び、恩賜の銀時計受領という優秀な成績で卒業。1915年農商務省に入省。辞職後の1920年、東京大学助教授となる。1922～25年のイギリス留学中にトーマス・ヒル・グリーンの思想に共鳴。帰国後、東大教授に。理想主義的自由主義の立場から、マルクス主義にもファシズムにも反対。荒木貞夫文相の「帝大総長官選論」を批判し、土方成美ら右翼「革新派」教授と対立。このため1938年『ファシズム批判』『第二学生生活』など4著が発売禁止となり、翌年起訴された。裁判で最後まで争ったが、1943年の上告棄却により有罪確定。太平洋戦争中は一切の発言を禁じられた。著書に『トーマス・ヒル・グリーンの思想体系』『社会政策原理』『学生に与う』など多数。1944年2月15日没。

【参考文献『コンサイス日本人名事典』】

◉セット・単品のどちらからでもご注文ください。

一般財団法人 アジア・ユーラシア総合研究所 ｜ 〒151-0051 東京都渋谷区千駄ヶ谷1-1-12 四谷キャンパス ／ TEL&FAX 03-5413-8912
http://www.asia-eu.net／E-mail：ayusoken2021@gmail.com

好評発売中！

賀川豊彦 著作選集

全五巻

賀川豊彦著作選集刊行編集委員会［編者］

四六判・縦書・上製
各巻三、六〇〇円、第四・五巻は三、〇〇〇円
セット価格 一五、〇〇〇円（税・送料込み）

『死線を越えて（上・中）』
『死線を越えて（下）／空中征服』
『一粒の麦／乳と蜜の流るゝ郷』
『キリスト兄弟愛と経済改造／少年平和読本／他』
『賀川豊彦随筆集』

◉セット・単品のどちらからでもご注文ください。

◆一般新刊図書も好評発売中

賀川豊彦《かがわとよひこ》

1888年(明治21年)7月10日-1960年(昭和35年)4月23日。大正・昭和期のキリスト教社会運動家、社会改良家。戦前日本の労働運動、農民運動、無産政党運動、生活協同組合運動の創立と普及において重要な役割を果たした。日本農民組合創設者で「イエス団」創始者。キリスト教における博愛の精神を実践し、教育界においても幼児教育から大学教育に至るまで大きな足跡を残した。『死線を越えて』をはじめとする主要著作は戦前期を通じ、空前のベストセラーとなり社会現象となる。英訳本も多く、その社会活動は3度もノーベル賞にノミネートされた。

一般財団法人 アジア・ユーラシア総合研究所
〒151-0051 東京都渋谷区千駄ヶ谷 1-1-12 四谷キャンパス ／ TEL&FAX：03-5413-8912
http://www.asia-eu.net ／ E-mail：ayusoken2021@gmail.com

アユ総研叢書

日本近世小説における挿絵の効力
王学鵬 著

江戸時代より花開き、製版技術の進化と共に独自の発展を遂げた挿絵等をとり上げ、作者と読者が挿絵のもとでいかなる繋がりを持っていたかを考察する。

おもしろきこともなき日韓をおもしろく
高杉暢也 著

有無を言わさず周囲の人を巻き込み、とにかくパワフル。倒産寸前の韓国合弁企業を立て直し、日韓の民間交流に邁進する。時代背景を感じさせて興味深い。

日本文明論と地域主義の実践
高島敏明 著

「脱亜超欧米」への道・・・持続可能な地域社会、共同体の構築を目指し本書の題名に偽りなく、著者の半世紀に渡る研究、執筆、実践、資料を一冊にした本書

日本型民主政治とは衆愚政治なのか
青木育志 著

新たなる世界の枠組み作りが加速的に進む中、今の政治家に日本を守ることが出来るのであろうか?日本に必要なものは優秀な政治家を育てる有権者ではないか?

夢・それが三貴の原動力だった
三貴同窓会出版編集委員会 編

かつて、カメリアダイヤモンドのCFで一世を風靡し宝石・婦人服・子供服を合わせて1500店舗に及ぶ企業があった。その創業者木村和巨と社員たちの記録である。

遠藤三郎日誌　仏国駐在武官日誌
吉田曠二 著

旧日本陸軍中将遠藤三郎（1893~1984）が在仏大使館付武官在任中、ジュネーブの国際連盟本部の海軍軍縮会議に陸軍首席随員としての参加等の日誌記録。

マダガスカルの風に吹かれて
田辺洋治 著

人生は旅だ、という人がいる。だとすれば、私の人生は果てしない冒険の旅の連続だった!世界の「食文化」を追い求めたある商社マンの回顧録

あばたもえくぼ
―自分でできる天然痘対策―
柳田保雄 著

天然痘が地上に登場して以来、その状況、それとの戦い方など、歴史的に明らかにしている。現在、いつ発生するか分からぬパンデミックに役立つ。